30の都市からよむ世界史

神野正史＝監修
造事務所＝編著

はじめに

現代日本の教育方式は、基本的に明治維新期にヨーロッパから輸入されたものです。それは「あらゆる分野・教科を基礎からひとつひとつ均等に順を追って学ばせ、徐々に応用へと積み上げていく」というものです。

これを高校の世界史学習で譬《たと》えると、まず最初は先史時代からはじまり、オリエント時代から順々に現代まで日本とはあまり縁のなさそうなアフリカ史やラテンアメリカ史まで含めて、全地域と全時代をムラなく均等に歴史用語を丸暗記させるやり方です。

この教育方式の利点《メリット》は、そうして得た基礎知識をすべて習得したとき、どんなものにも応用が効く破格の学力が身につく点です。

しかしながらその代償はあまりにも大きい。

基礎を学んでいる時点では、学習者はこれがいったいどんな意味を持つのか、何の役に立つのか、まったく理解できないまま、ただ意味もわからず訳もわからずつまらない単純作業（ほとんどは丸暗記作業）のくり返しを強いられるため、「こんな遥か昔の歴史用語を丸暗記することに何の意味がある？」という思いを抑えることができず、著しく学習意欲が削がれ、多くの〝勉強嫌い〟を量産する結果を生むためです。

現在、多くの学生が〝歴史嫌い〟となってしまう所以《ゆえん》です。

これに対して、維新以前の日本の教育方式（寺子屋式）は、こうした〝ヨーロッパ式〟のそれとはまったく逆の発想で、人々がそれぞれ生きていくうえでどうしても必要不可欠となる知識を教え、それを理解するためにどうしても必要な基礎知識だけを教えるという方式です。

これだと学習者は「何故それを知らなければいけないのか」「それを知ることに何の意味があるのか」をつねに明確に示されますから、学習意欲が湧き、抵抗なく楽しく学ぶことができ、頭にもすんなり入ってきます。

先の世界史学習で譬えれば、「どうして現代社会は今のようになったのか？」「今度旅行する町はどんな歴史の中から今に至ったのか？」など、それぞれ自分の興味があるテーマを切り口として世界史を学ばせる方法です。

これなら、自分が興味を持って臨んでいるのですから、学習意欲は減退することはありません。

学問というものは学び続けることに意味があるのであって、受験が終わったら「嗚呼、これで勉強から解放された！」とばかり2度と勉強しないのでは、何のために物心つくころから苦労して基礎を叩き込んだのか、それこそまったく意味がなくなってしまいます。

そこで本書では〝寺子屋方式〟で「世界の主要都市の歴史」という切り口から世界史を学

んでみようと試みるものです。

したがって本書は最初のページから順に読む必要はありません。

「名前はよく知っているけど、この町はいったいどんな歴史をたどって現在の姿になったのか？」

「今度訪ねるあの町はどういう歴史の中で生まれたものなのか？」

「あの有名な文化遺産はどうして建てられたのか？」

自分の興味のあるところから入り、歴史を〝暗記〟するのではなく〝体感〟することで、歴史のおもしろさを感じていく。

行ったこともない異郷の都市の歴史に想いを馳せるだけも一興。

将来、その町を訪れることでもあれば、何も知らずに見る風景と、歴史を知ったうえで見る風景とではまったく違う印象と感動を受け驚くことでしょう。

時に、建物に残る傷跡ひとつ見ても、何も知らなければ単なる「傷」でしかなかったものが、その傷を見た瞬間にその歴史的背景が脳裏に蘇り、涙がこぼれることすらあります。

人生を満喫するとはこういうことです。

それでは『30の都市からよむ世界史』、開幕です！

神野正史

目次

Contents

編集・構成・DTP／造事務所
文／佐藤賢二、五十嵐綾子、大河内賢、菊池昌彦
地図／原田弘和

30の都市の「世界地図」

本書に登場する各都市の位置を示した世界地図です

※▒は本書に登場する都市が属する国家です。

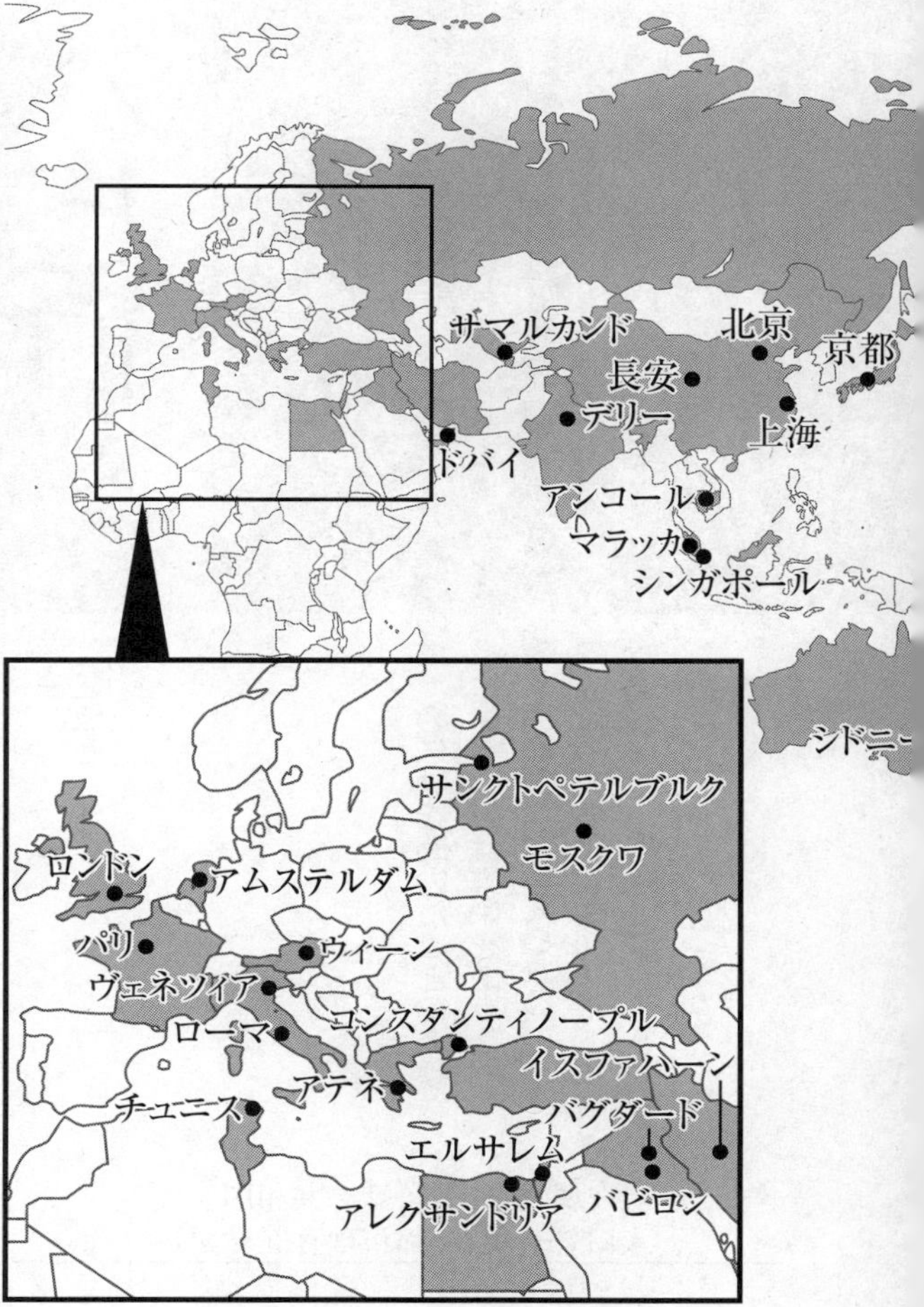

サマルカンド
北京
京都
長安
デリー
上海
ドバイ
アンコール
マラッカ
シンガポール
シドニー
サンクトペテルブルク
モスクワ
ロンドン
アムステルダム
パリ
ウィーン
ヴェネツィア
コンスタンティノープル
ローマ
イスファハーン
アテネ
チュニス
バグダード
エルサレム
アレクサンドリア
バビロン

バビロン

聖書にも名を残した古代の要衝

— Babylon —

『旧約聖書』に登場する「バベルの塔」の伝説を聞いたことのある人は少なくないだろう。バベル（バビロン）の町は繁栄を謳歌し、統治する王は天まで届く巨大な塔を築こうとしたと伝えられる。
　実際に、紀元前6世紀のバビロンの神殿の石塔は、約90メートルもの高さがあったと推定されている。現在は乾いた砂漠が広がるメソポタミアの平原には、数千年の昔、何が存在したのだろうか。

現在属する国：イラク共和国
人口：—（現在、都市は存在せず）

大河に囲まれた壮麗な都

グーグルマップなどでイラクの航空写真を見ると、国土の大部分は砂漠地帯ながら、ティグリス川とユーフラテス川に挟まれた地域には、点々と緑地が広がっていることがわかります。ふたつの大河に挟まれたこの一帯こそ、古代文明発祥の地として知られるメソポタミア平原です。

メソポタミア平原は、河川によって運ばれてきた土砂によってつくられた沖積平野で、紀元前5000年ごろから人が集住し、大麦、小麦の栽培や牧畜を行うようになります。紀元前3000年ごろ、この地にはシュメール人が定住し、ウル、キシュ、ラガシュなどの都市国家を建設しました。

やがて、メソポタミアではシュメール人に代わって、シリア砂漠から侵入してきたアムル人が台頭します。アムル人の一派は、紀元前1900年ごろバビロンを都とするバビロン第一王朝（古バビロニア王国）を建設しました。

「バビロン」とはギリシャ語の歴史書での呼び名であり、『旧約聖書』では「バベル」、古代のメソポタミア一帯で使われたアッカド語では「バビル」と呼ばれ、「神々の門」を意味したといわれます。メソポタミアでは都市国家ごとに土着の神が信仰され、バビロンでは創造神マルドゥクを祀りました。

紀元前18世紀のハンムラビ王の時代、バビロン第一王朝はメソポタミアをほぼ統一して最盛期を迎えます。ハンムラビ王が力を入れたのが、農業用水や生活用水を得るための治水・灌漑工事でした。当時の水路はよく土砂がつまったので、バビロン市のみならず近隣の衛星都市ラルサにも浚渫《しゅんせつ》を命じた記録が残っています。灌漑設備のメンテナンスは、王権の維持と深く関わっていたようです。

また、ハンムラビ王は282項目の条文からなる法典を定めました。これは後世では「目には目を」という復讐法として知られていますが、財産の賃借、商取引、王室財産の管理、勤労者の待遇、親族関係などについての条項も多く、バビロンではかなり高度な社会が形成されていたことがうかがえます。

当時すでに、メソポタミアには西の地中海から東のアジア各地に至る幅広い交易網が存在し、バビロン第一王朝においては、インドやペルシャを産地とする宝石類や、東南アジアが原産の香辛料などが流通していました。

新バビロニア王国とその周辺国

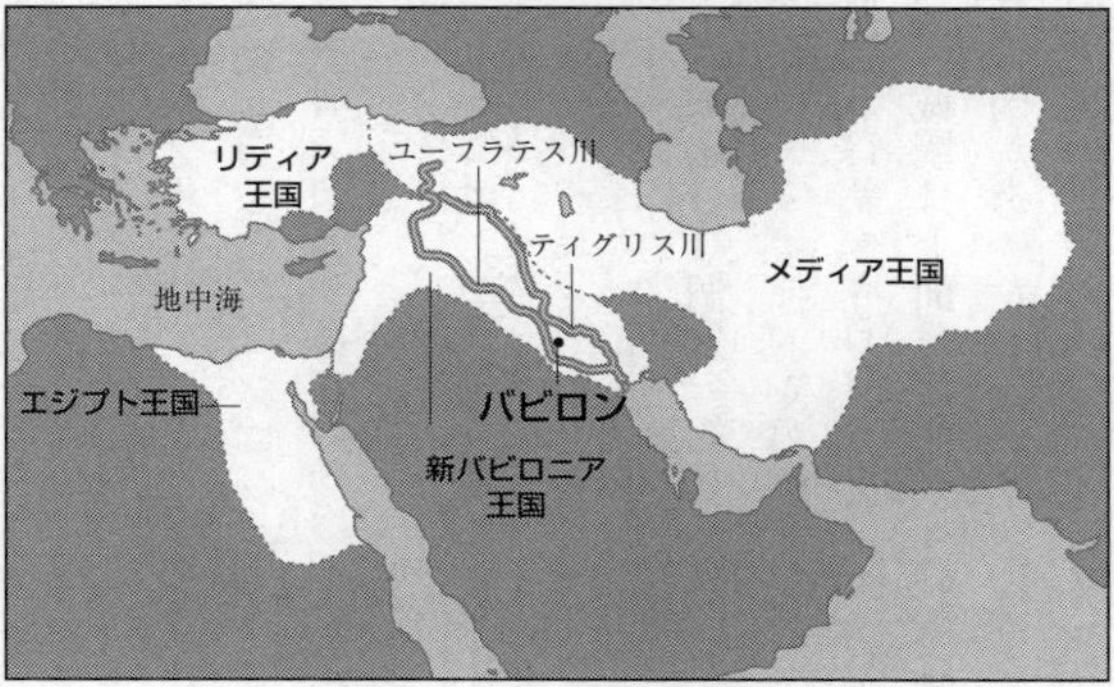

ユーフラテス川の下流域に、王都バビロンは存在していた。

紀元前16世紀、鉄製の武器を持つヒッタイト人が西北から侵攻し、バビロン第一王朝は滅ぼされます。バビロンでは東方から侵入したカッシート人などの諸勢力が栄枯盛衰をくり返したのち、紀元前8世紀には、ヒッタイトの製鉄技術を吸収したアッシリア人がメソポタミアからエジプトにまたがる大帝国を築きました。

紀元前7世紀、バビロン周辺の一大勢力だったカルデア人はアッシリア帝国からの独立をはかりましたが、皇帝センナケリブの弾圧を受けてバビロンは破壊されます。しかし、アッシリア帝国は地方の反乱が相次いで衰退に向かい、カルデア人はバビロンを再建して紀元前625年に新バビロニア王国を築きました。

その2代目の王であるネブカドネザル2世はバビロンの最盛期を築きます。ネブカドネザル2世はカナン（現在のイスラエル）に侵攻して、現地のユダヤ人をバビロンに連行しました。これはバビロン捕囚と呼ばれます。このため、ユダヤ教とキリスト教の聖典『旧約聖書』にはバベル（バビロン）の話が記されています。

二重の城壁と8つの門

当時のバビロン市街の総面積は周辺地区も含めて約1000ヘクタールあり、東京ドーム約100個分の約500ヘクタールの市内に10万人近くが住んでいたと推定されています。バビロンはユーフラテス川をまたいで存在し、東方にはティグリス川が流れ、北は約54キロメートル、南は約50キロメートルもの長さの城壁で囲まれていました。城壁は上面を4頭立ての戦闘馬車が走れるほどの幅で、市内には二重の城壁に8つの門があったと伝わり、市内を流れるユーフラテス川には、全長123メートルもの煉瓦の橋が架けられていました。

王宮は北と南が内壁で二分され、北の王宮は城砦を兼ね、玉座がある南の王宮は王による裁判の場ともなりました。南北の王宮の中間にあるイシュタール門はとりわけ壮麗で、高さ約30メートルもの二重扉を備えていました。

王都バビロンの構造

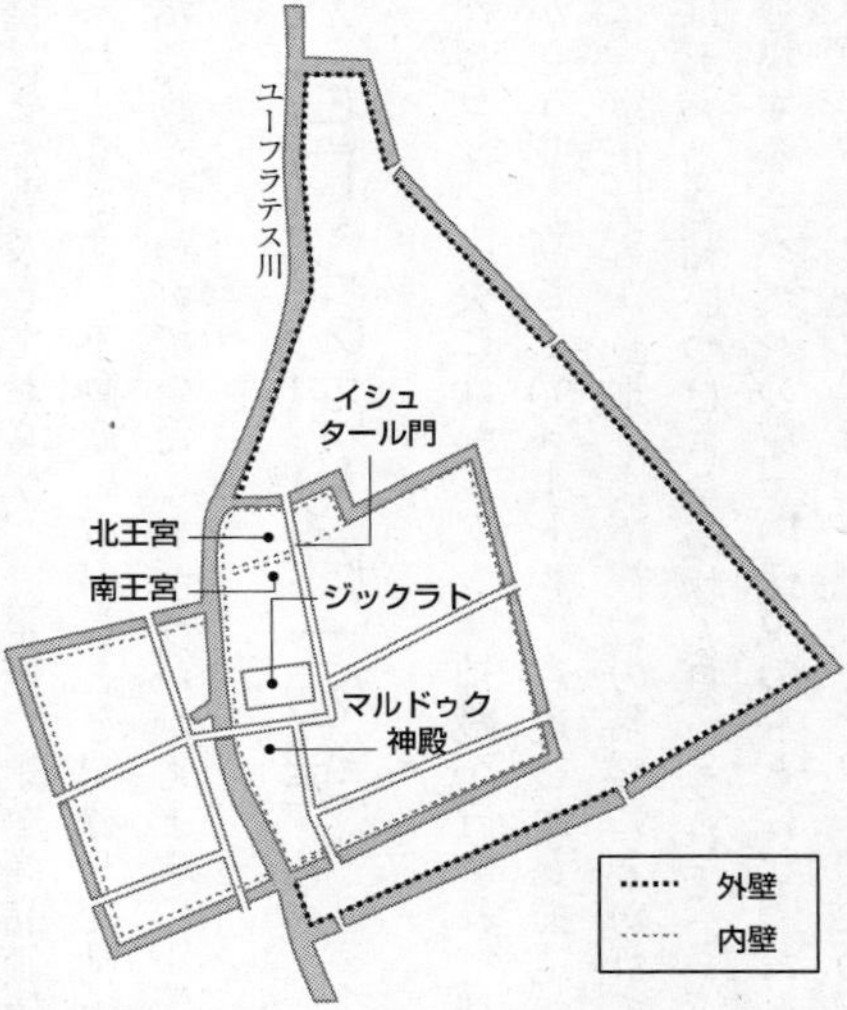

山川出版社『世界史リブレット人 003　ネブカドネザル 2世』p79の図をもとに作成
川沿いの南北の王宮を中心に、都市は構築されていた。

庶民の住宅の大部分は平屋でしたが、3階建てや4階建ての家屋も少なくなかったようです。一般家庭の建材は、おおむね粘土を干して固めただけの日干し煉瓦でした。一方、王宮には光沢のある釉薬《うわぐすり》を塗った彩釉《さいゆう》煉瓦も使われました。

市場では食品や陶器、銀細工などさまざまな商品が扱われていましたが、貨幣経済はまだ普及しておらず、一定量の銀を商品価値の基準にしつつ、物々交換が主流だったようです。不動産の取引などを記録した粘土板も大量に出土しており、幅広い経済活動が行われていたことがうかがえます。

「バビロンの吊り庭」の謎

バビロンの中央にはマルドゥク神殿が置かれ、神殿に付属のジックラト（塔）は7層からなり、高さは90メートルにも達したと推定されています。バビロニア人の信仰では、宇宙は天から地上まで複数の階層に分かれていると考えられ、高層のジックラトは天と地を結びつける象徴物と見なされていたようです。この塔が、『旧約聖書』に登場する「バベルの塔」の伝説のもとになったともいわれます。

ネブカドネザル2世は、王妃アミティスのため、宮殿の高層階に水をくみ上げて大量の樹木を植えた「バビロンの吊り庭（空中庭園）」と呼ばれる回廊を築いたと伝えられています。この庭園は古代のギリシャで、エジプトの大ピラミッド、ロードス島の巨像などとともに、「世界の七不思議（七大景観）」に挙げられています。

ところが、バビロンにはネブカドネザル2世の土木建築事業を伝える数多くの碑文があるにもかかわらず、そのような庭園が存在したという記録はなく、考古学的な裏づけもありません。このため現在では、アッシリア帝国の都ニネヴェに築かれた別の庭園と混同されたという説が有力視されています。

バビロンで没したアレクサンドロス大王

ネブカドネザル2世の死後、新バビロニア王国はキュロス2世率いる東方のアケメネス朝ペルシャによって征服されます。バビロンの新たな主となったダレイオスの息子であるクセルクセスは王宮を拡張しました。紀元前482年にはバビロニア人がアケメネス朝ペルシャに反乱を起こしたため、ネブカドネザル2世が築いた城壁、神殿、ジックラトは破壊されますが、メソポタミア屈指の大都市としての地位は揺らぎませんでした。

ギリシャの歴史家ヘロドトスも、この地を「世界中のどの都市よりも壮麗」と評しています。

紀元前330年には、マケドニア王国のアレクサンドロス3世（アレクサンドロス大王）が東方遠征の往路でバビロンに立ち寄り、ジッグラトの再建を命じますが、その完成を見ないまま、この地で没しました。

その後、ティグリス川沿岸の主要都市は北方のセレウキアなどに移り、数百年を経るうちにバビロン周辺は乾燥が進んで砂漠化します。紀元後1世紀には、ローマ帝国の学者であるプリニウスが、その著書『博物誌』で、バビロンの神殿はすでに瓦礫に囲まれていたと記しています。人の絶えたバビロンからは煉瓦などの建材が持ち去られて、町の大部分は砂に埋もれ、いつしか忘れ去られました。

『旧約聖書』に記されたバベルの塔のエピソードなどから、バビロンの住民はおごり高ぶった人々というイメージが広まり、〝Babylon〟という語句は、時として「悪徳と退廃にまみれた土地」という趣旨で使われるようになります。

バビロンの跡地では、19世紀以降、本格的にヨーロッパ人による考古学的な調査が進められました。20世紀初頭にはドイツの調査団によって城壁やジッグラトの跡が発見され、古代バビロニアの高度な文明は多くの人々を驚かせます。現在のイラク政府も遺跡の発掘に力を入れ、往時のバビロンの復元を試みています。

ウルク —文字による記録をはじめた最古の都市—

バビロンの建設よりさらに以前、シュメール人がメソポタミア地方に築いた最大の都市国家がウルクです。『旧約聖書』にも「エレク」という名前で登場し、現在のイラクの国名の由来になったという説があります。

ウルクでは紀元前5000年ごろから人が集住していた痕跡があり、紀元前3000年ごろには、楔《くさび》形文字の原形となる絵文字が発明され、農作物の収穫量や家畜の数など、経済活動を粘土板に記録していました。

ウルクで使われた文字と、地名や職業などの語彙は、バビロニアをはじめメソポタミアのさまざまな地域に伝わり、2000年以上も使われます。

最盛期のウルクの市域は約250ヘクタールほどで、人口は諸説ありますが、2万～4万人におよんだようです。市民の間では、天の神アヌと女神イナンナが信仰され、バビロンと同様に神殿とジックラト（塔）が築かれました。

エルサレム

苦難の歴史が刻まれた聖地

— Jerusalem —

現存する世界の大都市の中でも、とりわけ長い歴史を持つエルサレム。ユダヤ教やキリスト教、イスラム教の聖地として知られ、それゆえ現在に至るまで幾度となく争乱の舞台となってきた。

古代のユダヤ人により築かれた都は『旧約聖書』にもくわしく記された。その後、バビロニア、ペルシャ、ローマ帝国、オスマン帝国の支配下に置かれた。

現在属する国：イスラエル国
人口：約92万（2019年時点）

紀元前にさかのぼる争いの起源

2017年、アメリカのトランプ大統領は、イスラエルとの友好関係を強調するため、在イスラエルアメリカ大使館をテルアビブからエルサレムに移転すると発表して波紋が広がりました。イスラエルはエルサレムを首都としていますが、諸外国からは承認されておらず、各国の大使館は西方のテルアビブにあります。イスラエルは、1967年の第三次中東戦争で隣国ヨルダンに属していたエルサレムの東部を支配下に置きましたが、国際連合（国連）は〝不当な占領〟と見なしているからです。

エルサレムをめぐる数々の争いの起源は紀元前にまでさかのぼります。イスラエルがあるパレスチナ地方は古代には「カナン」と呼ばれていました。ここはアジア、アフリカ、ヨーロッパの3地域が接する要衝で、地中海沿岸のさまざまな民族が入り乱れ、古くから戦乱の舞台となってきた土地です。カナンでは紀元前7000年前後から人が集住して農耕が行われ、のちには歴代エジプト王朝の勢力圏となります。

紀元前13世紀ごろ、エジプトの支配を受けていたヘブライ人が、カナンに移住してきました。ヘブライ人とは外国人が彼らを呼ぶときの他称で、自称ではユダヤ人とされます。ユダヤ教とキリスト教の聖典である『旧約聖書』によれば、唯一神ヤハウェが預言者モーセに、民を率いてカナンの地へ行くことを命じたとされています。

『旧約聖書』に記された神殿

ユダヤ人はいくつもの部族に分かれており、部族間での抗争を続ける一方、地中海沿岸に住む「海の民」のペリシテ人とも争いました。紀元前11世紀末、ベニヤミン族出身の有力者サウルが、ほかの諸部族の合意を得たうえで預言者サムエルの認定によって王位に就き、イスラエル王国が成立します。

サウルから王位を継いだダビデは、投石で大男ゴリアテを倒したと伝えられる英雄です。ダビデはエルサレムの地に都を建設し、イスラエル王国は最盛期を迎えます。エルサレムとは、古代ヘブライ語で「平和のある場所」を意味したといわれます。

緯度は日本の鹿児島県と同じくらいで、乾燥した砂漠気候ですが、冬になると雪が降ることもあります。紀元前4000年ごろから集落がありましたが、大きな都を築くのには少し不向きでした。標高８００メートルという高地にあるため、水源が乏しく農耕には適しません。東西には谷がある一方で、北には敵の侵入をはばむものがない地形でした。ダビデが築いた町（ダビデの町）は、現在のエルサレム市街の東南部の外れです。

ダビデから王位を継いだソロモンは、紀元前10世紀の中ごろ、エルサレム市街を北へ拡張して城壁で囲い、市街の東南にあるモリヤの山にヤハウェを祀る神殿（第一神殿）を築きました。『旧約聖書』の記述によれば、神殿は幅が約14メートル、奥行きが約33メートル、高さ15メートルほどで、モーセがシナイ山で神から授かった戒律（十戒）の石版を収めた「契約の箱」が置かれていたといいます。

エルサレムの位置

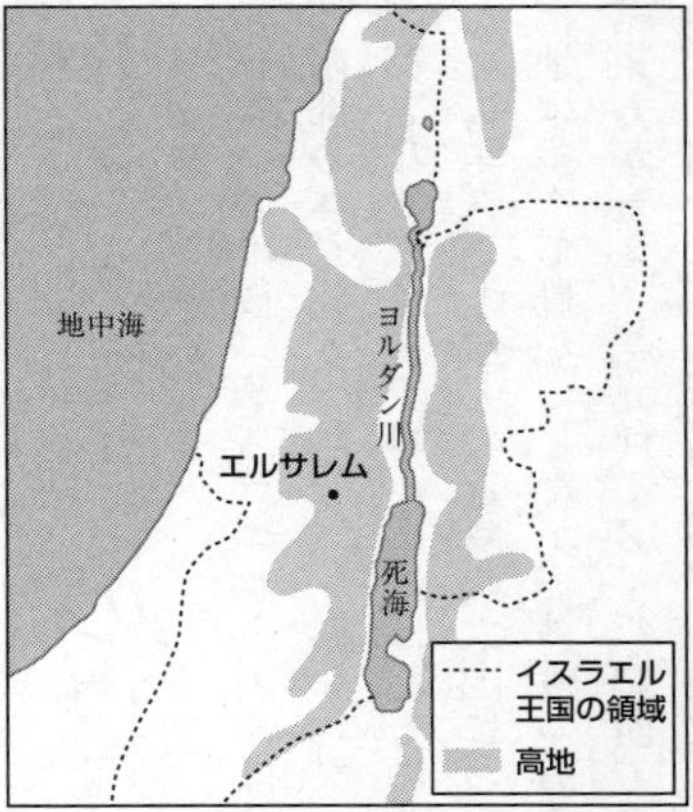

ユダヤ人のどの部族にも属さず、王国のほぼ中央に位置したことから、エルサレムは王都とされたと考えられている。

ペルシャ支配下での再建

ソロモンの没後、イスラエル王国では部族間の抗争が再燃し、紀元前928年ごろには南部のユダ族とベニヤミン族がユダ王国として独立します。エルサレムはユダ王国の都となり、イスラエル王国は北方のサマリアを都としました。分裂後の両国は、しだいにエジプトなどの近隣の大国におびやかされます。北のイスラエル王国のほうが耕地は多くて豊かでしたが、神殿のあるエルサレムを失ってからは信仰による民族の結束力が衰え、紀元前721年に西方のアッシリア帝国に滅ぼされました。

ユダ王国ではダビデの子孫が神権政治を続けますが、紀元前586年、新バビロニア王国のネブカドネザル2世に征服されます。神殿と市街は破壊され、王族や祭司、多くの住民がバビロンに連行されました。いわゆるバビロン捕囚です。その後、アケメネス朝ペルシャ帝国のキュロス2世が新バビロニア王国を滅ぼし、紀元前538年にユダヤ人にバビロンへの帰国を許可しました。バビロニアやペルシャの文化や技術を身につけたユダヤ人は、エルサレムに新たな神殿（第二神殿）を築きます。

アケメネス朝ペルシャはユダヤ人の信仰と自治を認め、エルサレムは世襲の祭司を中心に統治されました。紀元前4世紀にマケドニア王国のアレクサンドロス3世（アレクサンドロス大王）がペルシャに侵攻すると、ユダヤ人はペルシャを支持しましたが、マケドニア軍は北のレバノンを通って進軍したのでエルサレムは戦火をまぬがれます。アレクサンドロスの死後、その臣下であったプトレマイオスが創建したプトレマイオス朝がエジプトとカナンを支配し、エルサレムにギリシャ文化が流入しました。

紀元前2世紀になると、シリアのセレウコス朝が強大化してプトレマイオス朝からエルサレムを含むカナン一帯を奪います。セレウコス朝のアンティオコス3世はユダヤ人の自治を認めましたが、その息子のアンティオコス4世は政策を転換し、エルサレム神殿でユダヤ人にギリシャのゼウス信仰を強要しました。ユダヤ人はこれに抵抗して紀元前167年にマカベア戦争を起こし、自治権を取りもどします。

キリスト教の成立とユダヤ人の離散

セレウコス朝はローマ帝国に滅ぼされ、エルサレムを含むカナン地方は紀元前65年にローマ帝国の支配下となりました。ユダヤ人の信仰は尊重され、エルサレムの神殿は外国人の立ち入りが禁じられます。紀元前40年ごろ、ヘロデがローマ帝国によってユダヤ王に任じられ、エルサレム市街に多くの住宅を築きました。

ヘロデの時代に築かれた神殿西側の城壁は、のちにローマ軍によって神殿が破壊されたあとも残りました。同じくヘロデにより市街の西部に築かれた城砦の「ダビデの塔」は、さらに後世のイスラム王朝時代にも使われ、現在は博物館となっています。

紀元後30年ごろ、ユダヤ教の改革を唱えるイエスが現れ、その教えはユダヤ教から独立したキリスト教に発展します。『新約聖書』によれば、当時のエルサレムの神殿では市場が開かれ、牛や羊が売られ、両替商もいたそうです。こういった状況にイエスは「神の家で商売をするとは何事か」と怒ったといいます。イエスはローマ帝国からもユダヤ教の祭司からも危険視され、エルサレムのゴルゴタの丘で処刑されました。

ヘロデの没後、ローマ帝国とユダヤ人はたびたび衝突し、ユダヤ・ローマ戦争が起こります。ローマ皇帝ネロの命令により、ローマ軍はエルサレムに侵攻して神殿を破壊しました。135年には皇帝ハドリアヌスの命によって、ローマ軍がカナン地方を占領します。第二神殿の跡地にはローマの神であるジュピター（ユピテル）を祀る神殿が築かれます。市街の大部分も破壊されて新都市「アエリア・カピトリナ」が建設され、地中海各地のローマ人の植民都市と同じように、ローマ軍の戦勝を記念した凱旋門や公衆浴場、直線の道路を交差させた格子状の街区が築かれました。ユダヤ人は追放され、これ以降2000年近くも、ヨーロッパや西アジアなどを中心に世界中に離散することになるのです。

ローマ帝国はキリスト教を弾圧しましたが、キリスト教徒はしだいに増えていきました。313年、ローマ皇帝コンスタンティヌス1世はキリスト教を公認し、イエスが処刑されたとされるゴルゴタの丘に「聖墳墓教会」を築きます。コンスタンティヌス1世はユダヤ人が年に1回のみエルサレムに礼拝することを許可し、かつてヘロデが築いた城壁（嘆きの壁）はユダヤ人が望郷の祈りを捧げる場となりました。

同時期には、ローマ帝国に先んじてキリスト教国となったアルメニアの修道士がエルサレムに移住し、アルメニア教会はローマ人の教会とは別の宗派として発達します。

ローマ帝国が東西に分裂すると、エルサレムは東ローマ帝国（ビザンツ帝国）の支配下となり、5〜6世紀には多くの教会や修道院が建てられます。それらの建物も614年のササン朝ペルシャ帝国の侵攻で破壊されました。

現存する城壁はオスマン帝国が建設

7世紀には、アラビア半島で交易商人だった預言者ムハンマドがイスラム教を創始します。イスラム教はキリスト教と同じく『旧約聖書』の世界観を引き継いでおり、ムハンマドはエルサレムの大岩の上で天使に導かれて昇天したと伝えられています。その場所にはイスラム教団の支配地を引き継いだウマイヤ朝によって、691年に大岩を覆う「岩のドーム」が完成し、イスラム教の聖地のひとつになります。

これ以降、エルサレムはイスラム王朝が支配し、多くのモスク（イスラム寺院）が築かれ、ユダヤ教徒とキリスト教徒も人頭税を払えば信仰を許されました。

しだいにヨーロッパでは聖地奪還の世論が高まり、フランスの諸侯を中心とした第一回十字軍が1099年にエルサレムを占領します。このときユダヤ教徒の街区も徹底的に破壊されました。十字軍はエルサレム王国を建設して、市街西部のヤッフォ門を中心に城砦を強化し、現在の旧市街西北部には聖ヨハネ騎士団が運営する大病院が築かれたほか、数々の教会や修道院が建てられます。

現在のエルサレムの中心市街

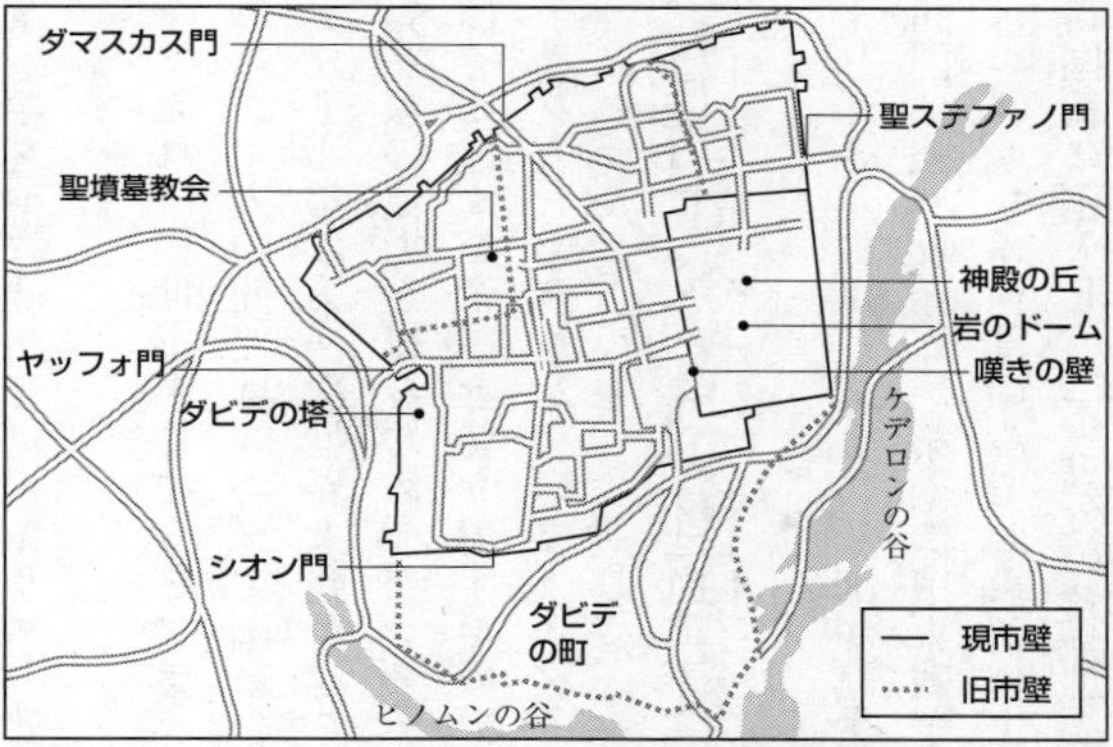

この地をめぐる争奪の結果、さまざまな民族の遺構が市街に散見される。

しかし、1187年にはアイユーブ朝のサラーフ・アッディーン(サラディン)がエルサレムを奪回します。13世紀までヨーロッパから7回の十字軍による侵攻があったものの、キリスト教徒によるエルサレムの継続的な確保は失敗に終わりました。

16世紀に入ると、トルコ系のオスマン帝国がエルサレムを支配下に置き、皇帝スレイマン1世が、現在も使われている城壁を築きました。また、スレイマン1世はエルサレムの上水道を整備したほか、東部に「聖ステファノ門」などの城門を築かせます。当時、エルサレムの人口は5600人ほどで、イスラム教徒が

6割、ユダヤ教徒が2割、キリスト教徒が1割でしたが、しだいにイスラム教徒が増加します。

時は流れ、19世紀末になるとフランスやロシアで反ユダヤ主義が拡大し、ヨーロッパのユダヤ人の間では、ユダヤ国家の再建を唱えるシオニズム運動が興起します。

1914年に第一次世界大戦が起こると、イギリスはロスチャイルド家などユダヤ系資産家の協力を得るため、パレスチナでのユダヤ人国家建設を支援しますが、一方では、オスマン帝国を切り崩すためアラブ人の自治を保障しました。このため、現地のアラブ人との合意がないままユダヤ人のパレスチナ帰還が進められます。

旧市街すべてが世界文化遺産

1948年にはイスラエル国が誕生しましたが、エジプト、シリアなど周囲のアラブ諸国は強く反発し、第一次中東戦争が起こります。当初、イスラエルに属していたのはエルサレム西部のみでしたが、1967年の第三次中東戦争でイスラエルは東部も自国領に編入し、「不可分の首都」という主張をしています。

一方、イスラエル内に住むイスラム教徒のパレスチナ人は、東エルサレムを首都とする自治政府の建設を唱え、イスラエル政府との対立が続いています。

エルサレムは今も係争を抱えつつ、ユダヤ教、キリスト教、イスラム教の聖地として巡礼者を集めています。城壁に囲まれた旧市街は丸ごと世界文化遺産に登録され、東北部はイスラム教徒地区、西北部はキリスト教徒地区、東南部はユダヤ人地区、西南部は4世紀から居住するアルメニア人キリスト教徒の地区に分かれています。イスラム教徒地区は高い壁で隔離されていて、外部との出入りには検問所を通らなければなりません。

オスマン帝国時代に築かれた城壁は北に「ダマスカス門」、東に「聖ステファノ門」などの8つの門があり、南の「シオン門」の近くにはダビデの墓があります。神殿に面した東の黄金門は古来、救世主が使うと伝えられ、一般人の通行はできないように閉ざされています。

旧市街の外側には、シオニズム運動が興起した19世紀から開発が進んだ新市街が広がっています。新市街には近代的な高層ビルもありますが、ベージュ色の古風な石造りの建築が多く、歴史ある都市らしい落ち着いた雰囲気をたたえています。

アテネ ― Athens ―

民主政が花開いた文化と学問の都市

古代ギリシャ時代に古代民主政を完成させたアテネ。ソクラテスやアリストテレスなど世界史における有名人も数多く行き交い、哲学や文学、建築などさまざまな文化が育まれた地でもある。

同時代のギリシャに存在した数々の都市国家の中で、アテネがとりわけ民主政を発展させ、突出した繁栄を享受できたのはなぜだろうか。

現在属する国:ギリシャ共和国
人口:約315万人(2019年時点)

地形と資源に恵まれた地

古代ギリシャの神々として有名なオリンポス12神のうち、知恵の女神アテナと海の神ポセイドンが、ある都市の守護神の座をめぐって争うという神話があります。その結果、アテナが迎えられ、都市は女神の名を冠して呼ばれるようになったといわれています。この都市こそ、現在ギリシャ共和国の首都であるアテネです。

アテネはバルカン半島先端部に位置します。この地に人が住み始めたのは中石器時代とも新石器時代ともいわれ、紀元前15〜紀元前13世紀ごろには現在パルテノン神殿が残るアクロポリスの丘に城塞が築かれていました。

エーゲ海を中心とする古代ギリシャ世界ではバルカン半島南部にミケーネ文明が興《おこ》りましたが、紀元前1200年ごろに突如として崩壊します。以降、ミケーネ文明の諸王国の人々は新たな定住地を求めてエーゲ海周辺を中心に移動し、紀元前8世紀には「ポリス」と呼ばれる都市国家がギリシャ各地に出現します。アテネもそのうちのひとつでした。

ギリシャは山や谷が連なる地形で、大河もないため、各地のポリスは統一国家としてまとまることはなく、交易に有利な沿岸部を中心に多く発達します。

ただし、アテネがほかの沿岸部のポリスと異なったのは、外敵を防ぐように内陸部側には山々が連なり、近郊で大理石や銀などの資源が採取された点です。この恵まれた条件がのちの繁栄の礎となるのです。

ギリシャ世界を牽引

各ポリスでは、高すぎず、登りやすく、防衛しやすい高所を、防衛の拠点と聖地を兼ねる丘（アクロポリス）として定めました。アテネは丘陵地と平坦な土地が共存する起伏に富んだ地で、中心部の丘がアクロポリスとなりました。

紀元前6世紀、この地にパルテノン神殿が建立されます。これが、現在残る神殿の前身の「古パルテノン神殿」です。パルテノン神殿の名は、処女（パルテノス）である女神アテナを祀ったことに由来しています。

この神殿が建てられたころ、アテネは貴族と平民とが抗争する政治的な過渡期でし

紀元前５世紀ごろのエーゲ海の周辺

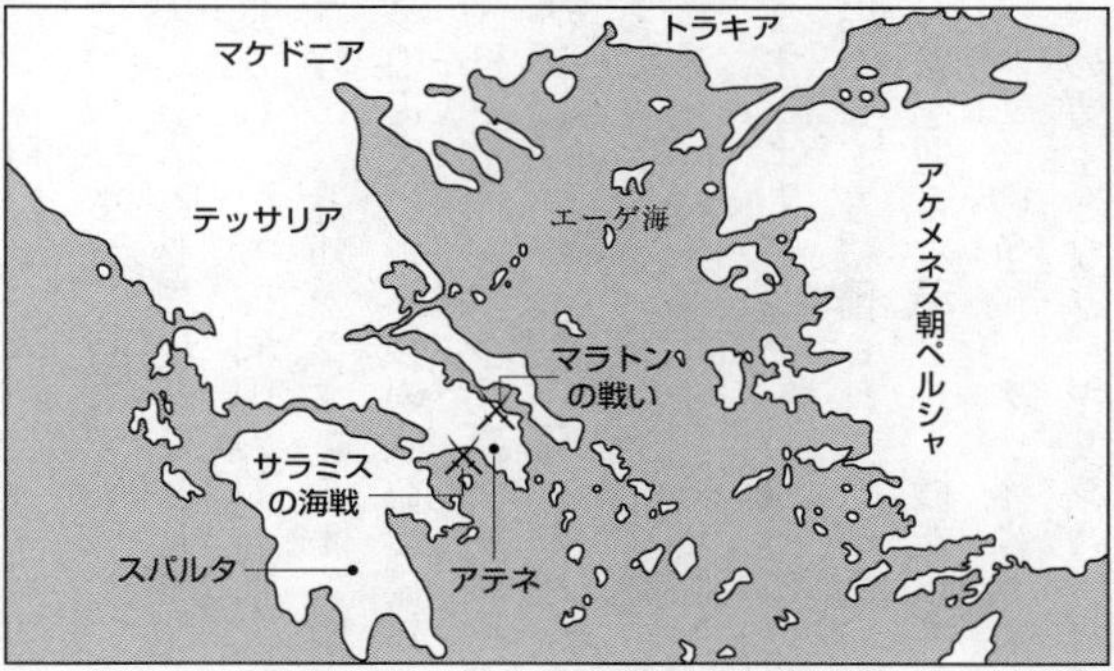

大国であるアケメネス朝ペルシャに、たびたび攻め込まれていた。

た。紀元前8世紀ごろに貴族が政権を握ったアテネでは、貴族と平民の対立を調停するため、法整備や国政改革が行われ、民主政治の基礎が形づくられていきました。

同時期、メソポタミア・エジプト周辺地域であるオリエントを統一した大帝国・アケメネス朝ペルシャは多くのポリスを支配していました。しかし、支配に不満を持つ諸ポリスの反乱（イオニアの反乱）を口火に、紀元前500年ごろ、アケメネス朝ペルシャとの間で戦争が始まります。

アテネは反乱したポリスを支援したことでペルシャと対立します。そして紀元前490年、アテネを中心とするポリスの連合軍はアケメネス朝ペルシャとの戦い（マラトンの戦い）に勝利します。

この戦いでは、自費で参戦した市民などで構成された重装歩兵部隊によるファランクス（密集隊形）が効果を発揮しました。ファランクスはマケドニア王国でも採用、改良され、のちの同国の勢力拡大にひと役買っています。

さらに、近郊のラウレイオン銀山から銀鉱脈が発見されます。政治家のテミストクレスの提案により銀の収益で最新鋭艦・三段櫂船《かいせん》が建造されました。強力な海軍は紀元前480年のサラミスの海戦でペルシャ艦隊を撃破します。このとき、漕ぎ手として活躍した無産市民の発言力が高まります。こうして、より多くの市民が政治に参加することになり、民主政治の確立は加速していきます。

テミストクレスはペルシャ戦争の最中、アテネ南西部のピレウスに港を建設しはじめます。エーゲ海交易の要所に位置するピレウス港は軍港としてだけでなく、のちに商港としても整備され、アテネの経済を支えます。現在のピレウス港も貿易を担い、旅客船を迎える港として機能しており、その役割は変わっていません。

ペルシャ戦争後、アテネはペルシャの再攻に備えたポリス間の軍事同盟「デロス同盟」の盟主となり、ギリシャ世界での発言力を増しました。

奴隷が支えた産業

アテネはアクロポリスを中心に形成されました。まず、アクロポリス北西のふもとに「アゴラ（広場）」が設けられます。アゴラとは、古代ギリシャ語の「集める」という言葉で、大勢の人々が集まる市民生活の中心地を意味します。初期のアゴラは市場でしたが、多くの人々が集まることで市民の政治討論の場ともなりました。政治色が強まったアゴラには、現代の国会議事堂にあたる建物や、市庁舎、裁判所などの公官庁が建てられていきました。

現在、アゴラ跡地は野外ミュージアムとして見学可能です。なお、国家政策を決定

紀元前５世紀ごろのアテネ市街

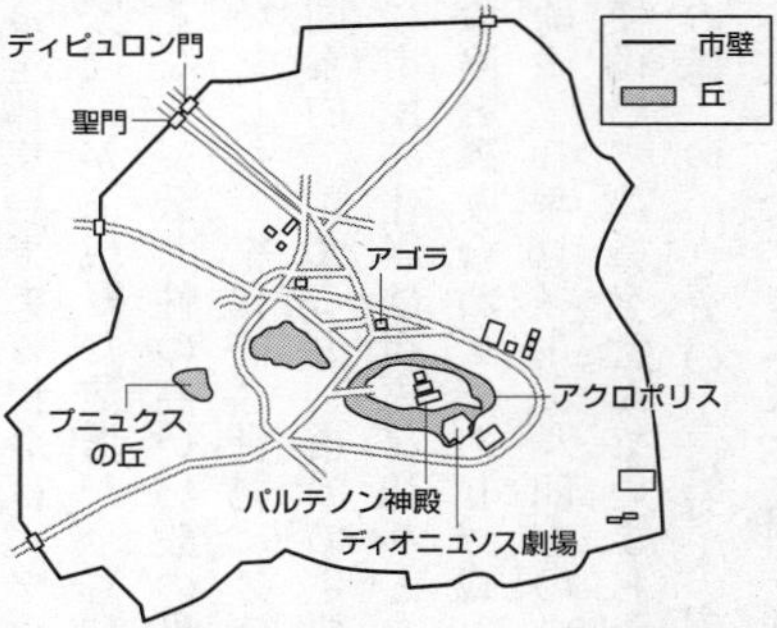

河出書房新社『地図で読む世界の歴史 古代ギリシア』p56の図を参考に作成

アクロポリスは宗教や精神、アゴラは政治的な役割を持つ場だった。

する全体集会である民会は、アクロポリス西に位置するプニュクスの丘で行われ、政治家たちが演説した演壇が今も残っています。

そして、公共性の高い施設の外側の余ったスペースに、市民の住居がひしめき合っていました。紀元前3世紀、アテネを旅したヘラクレイデスが書き記した『ギリシャ諸国案内』によると、市内の主要な街路以外は狭くいびつで、立派な公共施設とは反対に市民の住居は粗末な造りとあります。これを裏づけるように、市民の生活は疫病の危険と隣り合わせであり、戦争よりも疫病により多くの死者が出たそうです。

約1・5キロメートル四方の市街地を囲む城壁の外には田園が広がり、市民が奴隷を使役して農業を営んでいました。それだけでなく、最盛期には約25万人だったアテネの総人口の3分の1におよぶ奴隷は、家事や銀山採掘などにも従事させられました。こうした人々によってアテネは成り立っていたのです。

後世に影響を与えた文化

紀元前5世紀~紀元前4世紀ごろのアテネはソクラテス、プラトンという歴史上に名高い哲学者を輩出し、周辺各地から知識人も移住し、学問の都として発展します。プラトンに学んだ哲学者・アリストテレスは、マケドニア王国のアレクサンドロス3世（アレクサンドロス大王）の教育係を務めたのち、アテネに戻って学園を開いており、アテネに縁の深い人物です。アリストテレスは諸学を集大成し、その思想はイスラム哲学や中世ヨーロッパの哲学・神学にも影響を与えています。

民主政治下のアテネでは言論の自由が保障され、劇場では悲劇や喜劇が上演されました。劇場はいわばもうひとつの民会場で、弁論家が意見を主張するのと同様、劇作家たちが作品を通じて市民の心を揺さぶろうとした場であり、演劇の鑑賞は市民の義務でした。代表的な劇場はアクロポリスの傾斜面に残る「ディオニュソス劇場」です。

アテネ民主政の最盛期、アクロポリスには新しいパルテノン神殿が輝いていました。古パルテノン神殿がペルシャ戦争で破壊され、政治家ペリクレスにより再建されたのです。近郊のペンデリコン山の大理石が用いられ、極彩色で彩られていました。

なお、古代ギリシャ建築は、力強く荘厳さが特徴のドーリア式、優雅な渦巻模様が特徴のイオニア式、華麗な装飾が特徴のコリント式に大別されます。パルテノン神殿はドーリア式で、柱の中ほどをふくらませる「エンタシス」と呼ばれる様式は日本にも伝わり、法隆寺や唐招提寺の柱で使われています。イオニア式は古代ローマの建築に影響を与えています。

昔日の栄光を今に伝える

デロス同盟の盟主として諸ポリスを先導していたアテネでしたが、ペリクレスが死亡すると政治は混迷します。同じポリスでペロポネソス同盟の盟主であるスパルタとの間で起こったペロポネソス戦争（紀元前４３１〜紀元前４０４年）に敗れ、国力を大いに疲弊させます。

このギリシャ世界の混乱に乗じて、北方から進出してきた国王フィリッポス２世率いるマケドニア軍とのカイロネイアの戦い（紀元前３３８年）に、ポリス連合軍は敗れます。アテネをはじめとする諸ポリスはコリントス同盟を結ばされ、マケドニア王国の支配下に置かれました。

そのマケドニア王国も、フィリッポス２世の子であるアレクサンドロス大王の死後に分裂し、ギリシャ一帯は紀元前２７６年に大王配下の将軍の孫が建国したアンティゴノス朝マケドニアの支配を経て、紀元前168年にアンティゴノス朝を滅ぼした共和政ローマの属州とされました。

帝政ローマの隆盛により、既存の建物は改築され、公共建築物が新設されるなど、アテネは一時的に活気を取りもどします。しかし、キリスト教が広まるにつれて神殿は破壊され、紀元後6世紀には、当時アテネ一帯を支配していた東ローマ帝国（ビザンツ帝国）皇帝によって哲学の学校が閉鎖され、文化と学芸の中心地としてのアテネの栄光は忘れられていきました。

以降のアテネは、十字軍の国家やオスマン帝国など、代わるがわる強国の支配下に入ります。1830年には、独立戦争を経て、ギリシャはオスマン帝国から王国として独立を果たします。当時のアテネは戦争により荒廃していましたが、古代ギリシャ文化が花開いた輝かしい歴史を持つことから、オソン1世によって1834年に王都と定められました。以降は1975年まで王政と共和政を行き来しますが、アテネはそのまま首都とされました。

今日のアテネは首都としてだけでなく、古代ギリシャの栄光を伝える地として、多くの観光客が訪れています。

アレクサンドリア

ヘレニズム文化が生んだ学術の都

— Alexandria —

ロシアのサンクトペテルブルク、ベトナムのホーチミンなど、人名由来の都市は数多い。その中でも、アレクサンドロス大王の名を冠したアレクサンドリアは、じつに2300年以上もの歴史を持つ。

東地中海に面したこの町では、古代エジプトとギリシャの学術を伝える巨大な図書館が築かれ、各学問を究める多くの人々を集めた。だが、その巨大な知の成果は中世を前に失われてしまう。

現在属する国：エジプト・アラブ共和国
人口：約518万人（2019年時点）

「アレクサンドリア市」の第一号

「アレクサンドリア」、この名を冠する都市は古代のシリア、ペルシャ湾岸、インド西部、中央アジアなどユーラシア大陸西部の各地に70カ所も築かれ、現在はアメリカのバージニア州などにも同名の都市があります。この名を冠する町が最初に築かれたのは、東地中海に面したエジプトのナイル河口でした。

アレクサンドリアの位置

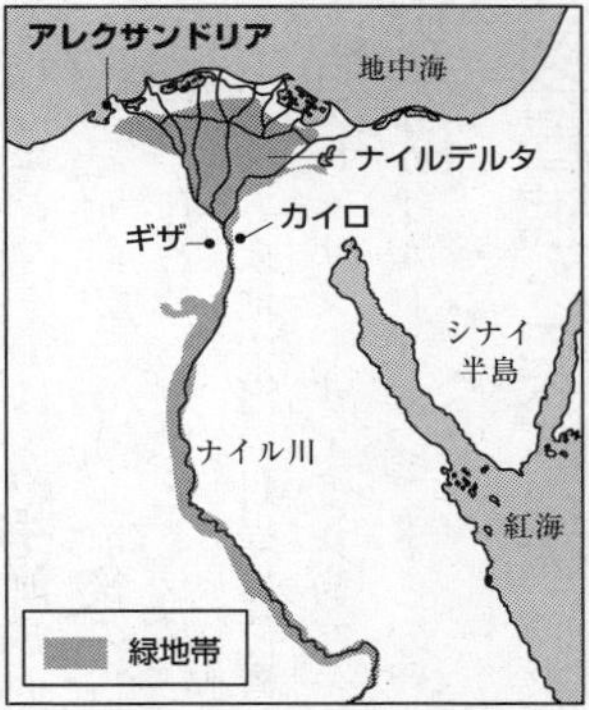

ナイル川沿いに存在したエジプト王国王都と異なり、河口に位置した。

多くの人は、エジプトと聞けば広大な砂漠を思い浮かべるかもしれませんが、ナイル河口は三角州「ナイルデルタ」と呼ばれる緑豊かな土地です。古代エジプトの人々はナイル川の上流から運ばれて形成された栄養分の豊かな土壌を生かし、この地を穀倉地帯としました。

古代のエジプトでは、紀元前３１００年ごろから数々の王朝が興亡をくり返してきました。紀元前２５００年前後の古王国時代には、カイロより約20キロメートル南西のギザに、有名な三大ピラミッドとスフィンクス像が築かれています。

エジプトと東地中海の対岸に位置するギリシャの関係は古く、紀元前7世紀には、のちのアレクサンドリアより約75キロメートル南東のナウクラティスにギリシャ人の植民都市が築かれ、エジプトとの貿易の拠点になりました。

大図書館と大灯台

紀元前３３４年、マケドニア王国のアレクサンドロス3世(アレクサンドロス大王)が、ギリシャの都市国家を束ねて東方遠征を開始します。紀元前３３２年にエジプトへ侵攻したアレクサンドロスは、ナイル河口のファロス島の近くにあった小さな漁村が良港になると考え、ここに自分の名を冠した都市アレクサンドリアを建設するよう命じました。そして、アレクサンドロスはみずから馬を駆って中央道路の位置を決定。格子状の街区が築かれ、ファロス島と海岸は全長１２２５メートルもの突堤で結ばれ

紀元前3世紀ごろのアレクサンドリア市街

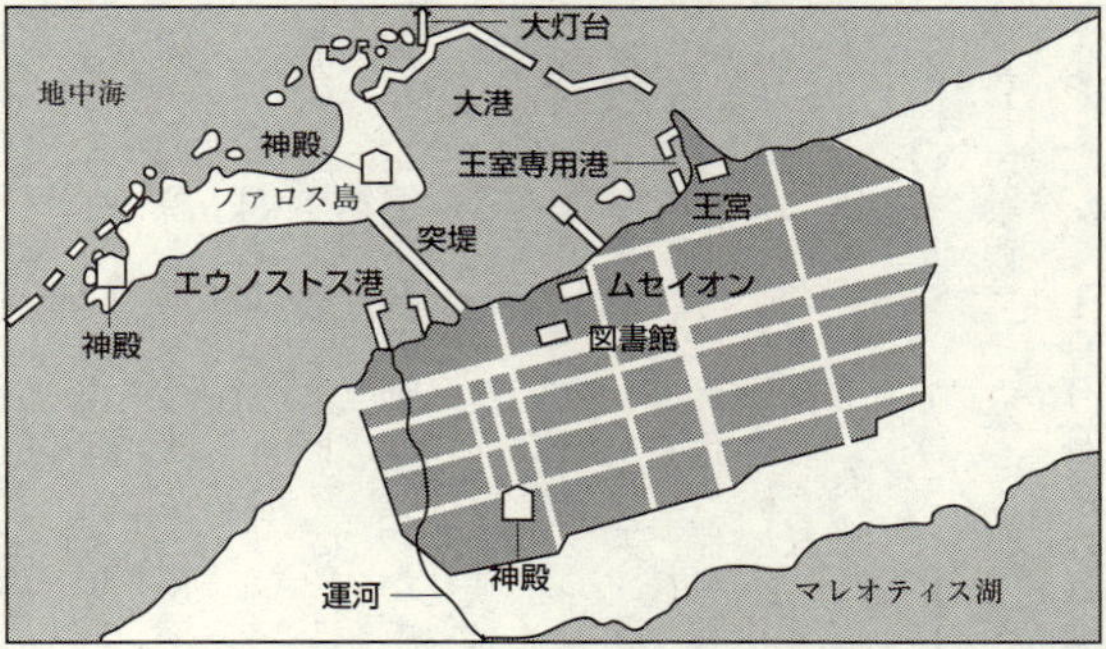

講談社『学術都市アレクサンドリア』p38の図を参考に作成

ファロス島へ続く突堤を境として、ふたつの港が機能していた。

ました。市街にはギリシャやエジプトの各種の神々を祀る神殿も建設されます。

アレクサンドロスは遠征の途上、行く先々でアレクサンドリアという名の都市を建設させますが、エジプトのアレクサンドリアの完成を見ないまま紀元前323年に没します。やがて、アレクサンドロスの臣下であったプトレマイオス（1世）がエジプトにプトレマイオス朝を開き、完成したアレクサンドリアはその都とされました。

プトレマイオス1世は、アレクサンドリアに大規模なムセイオン（学園）と図書館を建設します。ここにはギリシャのみならず、アレクサンドロスの遠征軍が足を踏み入れたエジプトをはじめ、メソポタミアやペルシャなどの各地から、哲学、詩文、歴史、天文学、地理学、数学、医学などの書物が筆写されて収集され、ギリシャ語に翻訳されました。蔵書数は10万巻、あるいは70万巻との説もありますが、遺構が発見されていないため、その規模がどのようなものだったかはわかっていません。

ギリシャの歴史家ストラボンによれば、プトレマイオスに書物の収集を勧めたのはアレクサンドロスの師であったギリシャの哲学者アリストテレスだといいます。ムセイオンには、幾何学を大成した数学者のエウクレイデス（ユークリッド）、物理学者のアルキメデス、地動説の先駆者となった天文学者のアリスタルコスなどの俊才が集い、ギリシャとオリエントの宗教や学術、美術が融合したヘレニズム文化が興隆し、後年のローマ帝国の学術にも大きな影響を与えました。

アレクサンドリアのもうひとつの伝説的な建築物が、ファロス島の大灯台です。高さは約140メートル、内部には灯火のための燃料を頂上に運ぶ装置があったといわれ、古代のギリシャでは、バビロンの吊り庭（空中庭園）などとともに「世界の七不思議（七大景観）」に挙げられています。紀元後8世紀と13世紀の大地震によって崩壊しましたが、1995年には海底から遺構の一部が発見されました。

数百年にわたってアレクサンドリアは学術の都として知られ、最盛期の人口は約30万~100万人におよんだといいます。その大部分はギリシャからの移民でした。

ローマ帝国支配下での栄光と没落

紀元前48年、プトレマイオス朝の内紛からアレクサンドリア戦争が勃発し、カエサル率いるローマ軍がアレクサンドリアに侵攻して、一時的に図書館が破壊されます。カエサルの協力を得てクレオパトラ(クレオパトラ7世)が即位しますが、のちにクレオパトラはローマと敵対し、紀元前31年のアクチウムの海戦に敗れたあと自決しました。これ以後、アレクサンドリアを含むエジプトはローマ帝国の支配下に入ります。

エジプトでは早くからキリスト教が広まり、アレクサンドリアではヘブライ語の聖書がギリシャ語に翻訳され、ローマ帝国にキリスト教が広がる一端ともなりました。同時に、ローマ帝国統治下のエジプトは、帝国領内で消費される穀物の3分の1を生産する穀倉地帯でした。アレクサンドリアは穀物のほか、綿製品やガラス製品などの工業製品、紙が普及する以前の筆記媒体の材料として使われたパピルスという植物、ペルシャやシリアなどの東方から運ばれてきた商品の輸出港として栄えます。

しかし、紀元後4世紀末にはローマ皇帝テオドシウスがキリスト教をローマ帝国の国教と定め、ギリシャやエジプト古来の多神教信仰を弾圧するようになり、アレクサンドリアの学術を支えた多文化共生の風土は失われます。アレクサンドリアの図書館は、異教徒の文化を嫌うキリスト教徒の攻撃を受けて荒廃しました。

640年ごろ、アラブ人のイスラム教団がエジプトを占領しますが、このころにはアレクサンドリアはすっかり衰退していたようです。アレクサンドリアの港湾はイスラム教団によって再建され、中世から近世にはファーティマ朝やマムルーク朝などのイスラム王朝によって、地中海貿易の拠点として活用されます。

復興を遂げた巨大図書館

時は流れ、1798年、ナポレオンの率いるフランス軍がオスマン帝国の統治下にあったエジプトに侵攻してきました。オスマン帝国の軍人ムハンマド・アリーは、フランス軍が撤退したあと、オスマン帝国によってエジプト太守（総督）に任じられ、のちにムハンマド・アリー朝を開きます。アリーはアレクサンドロスと同じく、マケドニアの出身でした。ムハンマド・アリーは、エジプトの近代化を進めるためヨーロッパ各国との貿易に力を入れ、アレクサンドリアは商業港として活気づきます。

オスマン帝国の弱体化にともない、エジプトではしだいにイギリスやフランスなどヨーロッパ列強の影響力が強まります。1882年、軍人のアフマド・オラービーはエジプトの独立を唱えて反乱を起こし、アレクサンドリアは戦場となります。反乱は失敗に終わり、エジプトはイギリスの統治下に置かれました。1919年にエジプトは独立を回復しますが、アレクサンドリアは引き続きイギリス地中海艦隊の拠点とされたので、第二次世界大戦中はドイツ軍の空襲を受けます。戦後にイギリスは海軍基地を引き払い、アレクサンドリアはエジプト政府によって再建されました。

エジプトでは考古学の研究が進むにつれ、失われたアレクサンドリア図書館の復興を唱える声が高まり、2001年にエジプト政府とユネスコ(国連教育科学文化機関)によって、アレクサンドリア市内に「ビブリオシカ・アレクサンドリナ」が建設されました。敷地面積は8万平方メートルを超え、数万冊の書籍と映像資料を収蔵し、プラネタリウム、考古学博物館、科学博物館なども併設されています。

テオティワカン

— Teotihuacan —

今も多くの謎を残す「神々の集う場所」

15世紀までアジアやヨーロッパの文化圏から隔絶していた南北アメリカ大陸にも、大都市は存在した。それがテオティワカンだ。巨大なピラミッドが築かれた高原の町は、なぜか8世紀以降ひっそりと忘れ去られてしまう。王朝の歴史が記録されなかったため、都市の成立背景から、市民の生活ぶりや衰退に至った経緯まで、一切が謎に包まれている。

現在属する国：メキシコ合衆国
人口：—（現在、都市は存在せず）

メソアメリカ文明最大の都市

南北アメリカ大陸の先住民は約2万年前、ロシアとアラスカの間にあるベーリング海峡を渡ってアジアから渡来したと考えられています。彼らの多くは小規模な部族集団に分かれていましたが、メソアメリカ（中米でメキシコからグアテマラにまたがる一帯）と、中央アンデス（南米でペルーからボリビアにまたがる一帯）では、アステカ帝国やインカ帝国など高度な文明を持つ国家が現れました。

メキシコ合衆国の首都メキシコシティから約50キロメートル北東にあるテオティワカンは、メソアメリカ文明が生んだ最大の都市です。標高約２２００メートルの高地に位置し、付近に大きな河川はありませんが、周囲の山々からの雪解け水や地下水が豊富に手に入り、土壌も肥沃で、農業の生産性が高い土地でした。

ここでは紀元前9世紀ごろから人が集住していた形跡がみられますが、本格的に都市が築かれはじめたのは、紀元前１００年ごろのようです。最盛期にあたる紀元後３５０～６５０年ごろの人口は10万～20万人と推定されています。

市域の広さは約22平方キロメートル（平安京とほぼ同規模）におよび、「死者の大通り」と呼ばれる幅約40メートル、全長約2・3キロメートルの大道が南北を縦貫しています。この通りの名は、テオティワカン遺跡が発見されたとき、北端にある「月のピラミッド」を王家の墓と誤解したことからつけられた通称です。

高度な天文学を建築に反映

テオティワカンでは神官をトップとし、その下に軍人や商人、職人、奴隷などの階級がある神権政治体制が取られていたとみられています。当時の文字で神の名や地名は記されていますが、王朝の記録などは残っていません。

通りの東には、1～3世紀に建造された高さ約63メートルの「太陽のピラミッド」があります。この地下には天然の大洞窟が広がり、古くより宗教的な聖地とされていたようです。太陽のピラミッドは、1年で最も太陽が高く昇る日の夕陽が正面に当たるように配置されており、農耕のため太陽の動きを観測して雨季と乾季の到来を把握する施設として建てられたという解釈があります。

テオティワカンの構造

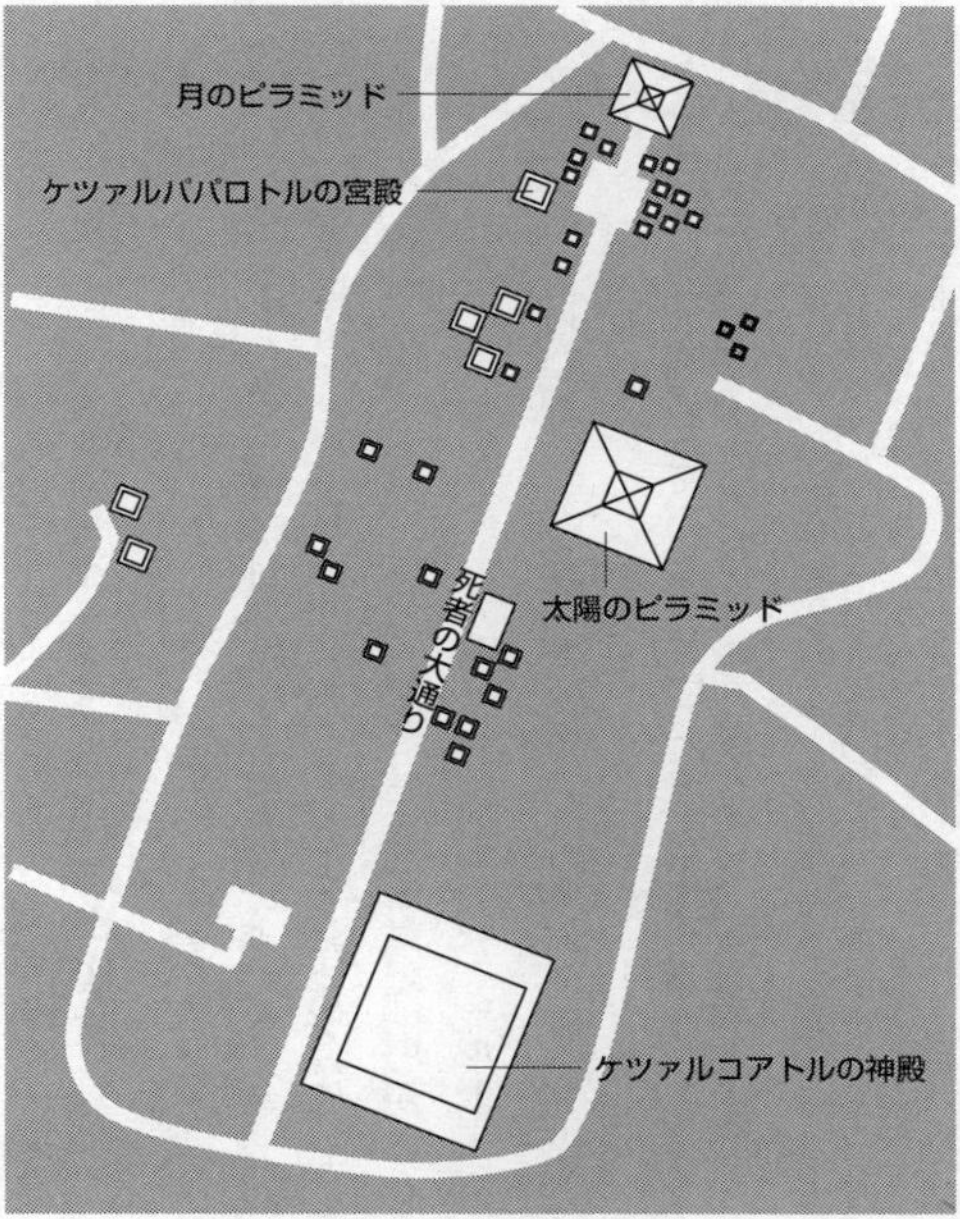

その都市構造から、支配者層が高度な天文学を備えていたことがわかる。

通りの北端にある「月のピラミッド」は高さ約46メートルで、太陽のピラミッドより100年ほどのちに築かれたと推定されています。さらに街の南には、水と農耕の神ケツァルコアトルを祀った神殿があります。月のピラミッドと神殿では、生きた人間や家畜を生贄《いけにえ》として神に捧げる儀式が行われていた痕跡があります。

テオティワカンでは、約83センチメートルを長さの一単位としていたようです。たとえば「太陽のピラミッド」の底辺はこの260倍、「月のピラミッド」の底辺はこの105倍、「死者の大通り」の北半分と南半分はこの2000倍の長さとなっています。しかし、約83センチメートルが1単位とされた根拠は不明です。

市内には下水網も完備され、アパートのような集合住宅もありました。石造りの平屋で、壁には漆喰が塗られ、1戸の内部に数十の部屋がありました。神殿やピラミッドと同じく、住宅も獣や鷲などの壁画が描かれ、「タルー」と呼ばれる傾斜した壁と、「タブレーロ」と呼ばれる垂直な壁を組み合わせて構成されています。

中米の広範囲におよんだ物流網

7世紀後半から8世紀にかけての時期、テオティワカンは外部から侵略を受けたか、あるいは内紛のため荒廃し、広範囲にわたって放火された形跡が見つかっています。同時期には干ばつによって農業生産力も低下していたようですが、繁栄を誇ったテオティワカンがいかにして衰退したのかは謎に包まれています。テオティワカンで使用されていたものと共通の要素を持つ土器や日用品は、西部のユカタン半島にあったマヤ文化圏などでも出土しています。しかし、アメリカ先住民は15世紀にスペイン人が到来するまで馬と車輪を持たなかったため、恒常的な交通網が発達せず、共通の文字も広まりませんでした。このため、テオティワカンが衰退すると、その文化は周囲の地域に継承されず断絶してしまいました。

いつしかテオティワカンは忘れ去られた都市となり、やがて、少し南方のテノチティトランではアステカ文化圏が発展します。北へ勢力圏を広げていったアステカ人は、14世紀に太陽のピラミッドなどの巨大遺跡を発見し、この地を彼らの言葉で「テオティワカン（神々の集う場所）」と呼ぶようになりました。

アステカ人によって諸族が束ねられつくられたアステカ帝国は、１５２１年にスペインから渡来したコルテスによって征服され、テノチティトランは現在のメキシコシティに姿を変えます。テオティワカンは白人の渡来時すでに廃都となっていたため、過度な破壊をまぬがれ、古代メソアメリカの高度な文化を現代に示す遺跡となっています。

ローマ
——Rome——

何度もよみがえった「永遠の都」

栄華を極めたローマ帝国の帝都にふさわしく、ローマには当時の最新技術を駆使して建設された上下水道や公衆浴場などが、市民の生活をうるおした。

そんなローマも、帝国の崩壊後はローマ・カトリック教会のお膝元として、都市の規模は縮小するものの、ルネサンス期の到来によって再び高度な文化が花開く。

現在属する国:イタリア共和国
人口:約423万人(2019年時点)

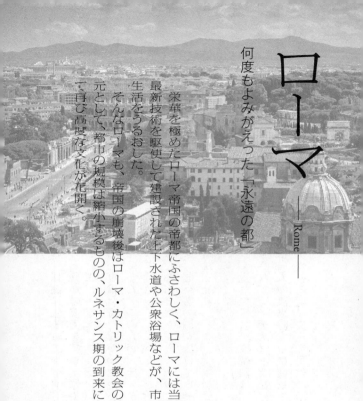

王政時に培われた帝都の原形

イタリア半島中部の西に広がるティレニア海から25キロメートルほど、テベレ川をさかのぼった東岸にローマは位置します。

伝承によると、テベレ川に捨てられたロムルスとレムスという双子が街を建設し、のちにロムルスがレムスを打倒して、紀元前753年にパラティーノの丘にローマを建国したとされています。ローマという都市名はロムルスにちなんだものといいます。

実際には、紀元前10〜9世紀にかけて、パラティーノの丘にラテン人が集落をつくったのがはじまりと考えられています。別の丘に住み着いたサビニ人をローマが破り、紀元前3世紀中ごろにはサビニ人はローマ市民となりました。サビニ人は、ローマに天空神ジュピター（ユピテル）や軍神マルスの信仰をもたらしたといわれています。

紀元前7世紀になると、イタリア中部を支配域としていたエトルリア人が勢力を拡大させ、ローマに影響をおよぼすようになります。紀元前616年にはエトルリア人のタルクィニウスがローマへ移り住み、ローマ王の養子となり、王位を引き継ぎます。

エトルリア人は高い技術力を持っていました。周辺の7つの丘を天然の防御壁とし、ローマを都市化します。丘の間の平地を広場とし、そこに神殿や集会所を置きました。さらに、大下水道や、都市を取り囲む約10キロメートルにおよぶ「セルウィウス城壁」がつくられはじめるなど、共和政・帝政ローマの都としての都市構造の原形はこのころできました。

都市化の過程で、ローマの指導者層（貴族）による立法・諮問機関である元老院が成立します。紀元前509年、元老院と協議せず自分勝手な政治を行っていたエトルリア人の王は、怒ったローマ市民らによって追放され、共和政がはじまりました。

世界最古のコンクリート建築

内政が安定すると、共和政ローマは紀元前272年にイタリア半島を統一し、地中海域への進出を開始します。そして占領した各地域に属州を設置していきました。

共和政ローマの時代、インフラ整備などの都市開発が積極的に行われます。テベレ川岸には港湾施設と小麦の貯蔵所が建てられました。これらは天然セメントが用いられた世界最古のコンクリート建築と考えられています。中央広場には、元老院の議事堂や農耕神サトゥルヌスを祀った神殿が建設され、周りには商店が立ち並びました。

紀元前312年には、政治家アッピウスにより、ローマ初の水道「アッピア水道」(全長約16・5キロメートル)がつくられます。これ以降もローマは市街の拡張とともに、上下水道が増設されていきました。ローマから放射線状に各地にのびる軍用道路「アッピア街道」も、アッピウスが監督してつくらせたものです。

紀元前88年、イタリア半島全土の自由民に市民権が与えられ、平民の発言権が増しました。このときローマは、都市国家から、ローマと同等の権利を持つ多くの都市を包括する領域国家になったといえます。

一方で、元老院に属する貴族のスッラと、平民の生命や財産を護る役職である護民官のマリウスが対立するなど、この時代は「内乱の1世紀」と呼ばれます。スッラたち有力者は権力誇示のため、ユピテル神殿や国家公文書館などの公共建築物を建て、ローマの都市景観を変えたといわれています。

マリウスとスッラの死後、カエサル、ポンペイウス、クラッススによる「三頭政治」を経て、カエサルが独裁政治を行いますが、2年後に暗殺されると養子のオクタウィアヌスが権力を掌握。紀元前27年に初代皇帝アウグストゥスとして即位し、ローマは共和政から帝政へと移行します。

100万の人口を支えた水道

アウグストゥス帝は「ローマを煉瓦《れんが》の街として受け継ぎ、大理石の街として残す」と語り、議事堂や諸神を祀ったパンテオン（万神殿）、劇場といった建設事業のほか、ローマを14区画に分けるなど都市整備を進めました。再建されたこのパンテオンは2000年近く経った今なお健在で、強度が保たれていることが科学的に証明されており、当時のローマ人の土木技術の高さがうかがえます。

以降の歴代の皇帝も権力を誇示し、ローマ市民から支持を得るため、公共建築物を建造します。見世物として剣闘士奴隷らの戦いなどが行われ、約5万人を収容（収容可能人数は諸説あり）できる円形闘技場「コロッセウム」には、ウェスパシアヌス帝が建設をはじめ、紀元後80年にティトゥス帝の治世に完成しました。

帝国時代、ローマの人口は爆発的に増加しました。紀元前300年ごろ3万人程度だった人口は、紀元後14年ごろには80万人程度にまで増え、１６４年ごろには１００万人以上にふくれ上がったとされています。そのため、ローマ市民はセルウィウス城壁の外に居住するようになりました。

1世紀ごろのローマ市街

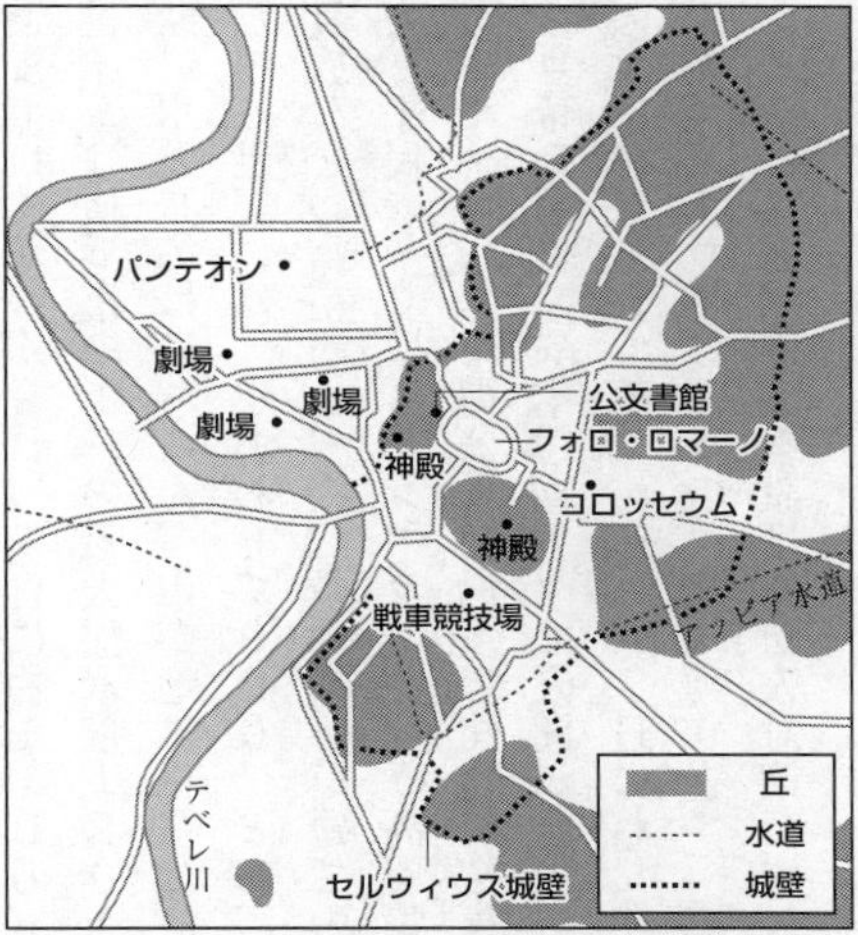

河出書房新社『図説 ローマ「永遠の都」都市と建築の2000年』p21の図をもとに作成

元老院議事堂などの建物が立っていたフォロ・ロマーノは、政治の中心地だった。

３世紀のアウレリアヌス帝の治世時には、セルウィウス城壁の外側に、市街地を囲むよう全長19キロメートルにおよぶ「アウレリアヌス城壁」が新たに築かれ、新市街地ができます。

１００万人以上もの居住を可能としたのは水道の存在です。紀元前３１２年のアッピア水道をはじめとして、紀元後２２６年のアントニアーナ水道まで11本がつくられ、1日に約110万立方メートル以上の水を供給します。この供給量は横浜市の1日の最大配水量（2017年度）とほぼ同じです。

飲料水としてはもちろん、市街地に存在した公衆浴場（テルマエ）にも供給されました。4世紀には大小あわせて900ほどの浴場があったと考えられています。

貴族などの富裕層は、広い敷地の一戸建ての住宅（ドムス）を市街地に持っていた一方、平民の多くは「インスラ」という高層集合住宅（高層でも7階程度）に住んでいました。ローマ市街は人口過多で建物が密集していたからです。

ネロ帝の治世の64年、ローマで火災が発生します。火はまたたくまに広がり、消火用の水を確保できず鎮火が遅れ、7日にわたり燃え続けました（ローマ大火）。

大火後、ネロ帝は都市の再建に動きます。道路の幅を広げ、木造の建物を禁止し、インスラには必ず中庭を設けて防火対策を施しました。

帝都の移転とゲルマン人による被害

五賢帝の治世に「パックス・ロマーナ（ローマの平和）」と呼ばれる最盛期をロー

マは迎え、トラヤヌス帝のころには西ヨーロッパの大部分、南は北アフリカ大陸、東はメソポタミアにまで版図が広がりました。しかし、この時代をピークに衰退していきます。

五賢帝後の50年間で26人もの軍人出身の皇帝が代わるがわる皇位に就き（軍人皇帝時代）、内政は不安定になります。この状況に終止符を打ったディオクレティアヌス帝は、ひとりの皇帝が広大な領土を支配するのは不可能と考え、293年に帝国を東西に分けてそれぞれに正・副の皇帝を置く「四分統治（テトラルキア）」を開始します。

その後、コンスタンティヌス帝が帝国を再統一すると、都をコンスタンティノープル（現在のイスタンブール）に移します。以後のコンスタンティノープルは「第二のローマ」と呼ばれるようになります。さらに、313年には「ミラノ勅令」が発せられ、キリスト教が帝国に公認され、392年にはキリスト教がローマの国教と定められました。

395年、死に際したテオドシウス帝がふたりの息子に領土を分け与えます。こうして、ミラノを都とする「西ローマ帝国」と、コンスタンティノープルを都とする「東ローマ帝国（ビザンツ帝国）」が成立しました。そして、ローマは西ローマ帝国に属する一都市となります。

このころの西ローマ帝国はゲルマン人の大移動によって混乱が続いていました。ローマもその影響を受けます。410年にはゲルマン系の西ゴート族に略奪され、455年にはゲルマン系のヴァンダル族に建物やインフラ設備が破壊されるなど、ローマは都市機能に支障をきたすほどの甚大な被害を受けました。

476年に西ローマ帝国が滅亡すると、ローマはゲルマン人傭兵隊長オドアケルの支配を経て、ゲルマン人の東ゴート王国に支配されます。そののち、東ローマ帝国の支配下に置かれますがローマは重要視されませんでした。8世紀半ば、ローマがゲルマン系のランゴバルド人の脅威にさらされると、ローマ教皇は東ローマ帝国を頼らず、同じくゲルマン人のフランク王国に助けを求めます。ローマ教皇は、もとは各地の教区を監督する司教のひとりでしたが、ローマで主導的な役割を担ううちにローマ・カトリック教会の最高位の聖職者を指す呼称となっていました。

求めに応じてフランク国王ピピン3世はゲルマン人を撃退し、756年には獲得した領地をローマ・カトリック教会に寄進します。こうしてローマは、イタリア中部の独立勢力、ローマ教皇領の中心都市となりました。

ルネサンス期の復興

フランク王国が9世紀に分裂するとイタリア王国が成立しますが、80年ほどで崩壊。神聖ローマ帝国の支配下でヴェネツィアやジェノヴァなどの都市が繁栄するなか、教皇領は独立を維持します。この間、ローマ市街にあるコロッセオや劇場は異教に関するものとして打ち捨てられていました。

中世のローマは、教皇と各国君主との闘争に翻弄されます。13世紀の教皇イノケンティウス3世の時代にその権力は絶頂を迎えますが、14世紀にはフランス王によって強引にフランスのアヴィニョンへ教皇庁が移され、教皇権が蔑《ないがし》ろにされて（アヴィニョン捕囚）、教皇の権威は失墜し、ローマも荒廃します。

そんななか、14世紀のイタリア半島で古典文化の復興運動「ルネサンス」が起こり、ローマも影響を受けます。たとえば、教皇ニコラウス5世はヴィルゴ水道を、シクストゥス4世はシスト橋を修復しています。加えて、現在のローマで見られる教会や、教会を装飾する絵画や壁画といった芸術作品が生まれたのもこの時期です。こうして、2万人ほどだった人口は5万人ほどにまで増加します。

古代ローマのような町並みが取り戻されていくかにみえましたが、1527年、神聖ローマ皇帝カール5世軍の攻撃を受けます（ローマ劫略《ごうりゃく》）。この攻撃のきっかけは、ローマ復興の象徴たるサン・ピエトロ大聖堂をはじめとした教会の再建でした。カトリック教会が莫大な資金調達のために免罪符（献金の代償に与えられた罪を免じる証書）を乱発したことでルターによる宗教改革を招き、ルターの教えを信仰する兵によって建物はことごとく破壊され、人口は3万人ほどに減ったといわれています。

16世紀後半には教皇シクストゥス5世が都市計画を実施し、主要な教会と広場とを結ぶ直線道路を整備したほか、古代ローマの水道を修復して水不足の地域に水が供給されました。その後のローマは大きく衰退も発展もせずに時が経ちます。

ムッソリーニが実施した改造計画

18世紀末にヨーロッパは大きく変動します。フランス革命を機に台頭したナポレオンが帝位に就くと勢力を拡大。1809年、教皇領はフランス帝国に一時的に併合さ

現在のローマ市街

時代とともに、テベレ川の東岸と西岸ともに市街域が拡大していった。

れます。革命の余波でイタリア半島では統一運動が活発化し、1861年にサルデーニャ王国がイタリア王国を樹立します。その首都はトリノ、フィレンツェを経て、1870年に王国に併合されたローマが、1871年に王都に定められます。

このころのローマの人口は20万人程度で、教会以外の施設といっても、遺跡や果樹園、納屋と貴族の住宅しかありませんでした。そこで王国政府は、庁舎や病院、公園といった公共施設の建設を急ピッチで進め、新たな通りを整備するなどの区画整理が行われます。このとき中世以来の旧市街の町並みが失われていきます。

1918年に第一次世界大戦が終結する

と、イタリアではファシスト党による独裁政治がはじまり、政権トップのムッソリーニがローマの近代化をはかり、「ローマ改造計画」を立ち上げます。その中身は、新たに整備する大通りを中心とした区画整理を行うという権力誇示の意味合いが強いものでした。このほか、ローマ帝国時代の栄光を示すための記念広場を設置しています。計画の実行などによって、中世以来の町並みの一部が失われましたが、首都となったローマは発展を続け、1936年には人口が100万人を突破します。

1939年に第二次世界大戦がはじまると、イタリアはローマをはじめ、フィレンツェ、ヴェネツィアの3都市について、文化財の保護を主な目的として交戦の意図がないことを「無防備都市（非武装都市）」として宣言します。このおかげで、ローマはドイツ軍に占領されましたが、破壊をまぬがれました。戦後のイタリアは王政が廃止されて、1946年に共和政国家となりますが、ローマは引き続き、首都とされました。

ローマは「永遠の都」と呼ばれます。これは古代ローマ以来の町並みを保っているからではありません。帝国崩壊以降、ローマは何度も侵攻を受けて破壊されますが、そのたびに再建されてきたからこそ、永遠の都と称されているのです。

バチカン

―カトリック教会の総本山が位置する都市(国家)―

面積0・44平方キロメートル――「世界一小さな国家」としてよく知られているバチカンの都市国家としての歴史は古くありません。

1929年、イタリアとローマ教皇庁との間で「ラテラノ条約」が締結され、国家として独立を承認されたことにはじまります。元首はイエス・キリストの一番弟子とされる聖ペテロを初代とするローマ教皇が務めています。

とはいえ、バチカンそのものの歴史はとても古く、756年にカロリング朝のピピン3世が、バチカンを含むラヴェンナ地方一帯の土地を寄進して以来という、ローマ・カトリック教会の総本山として長い歴史を持ちます。

聖ペテロの墓の上に、394年に聖堂が建てられ、その後、何度も改築されたのが、キリスト教建築として世界最大の「サン・ピエトロ大聖堂」です。

なお、この大聖堂の隣には、バチカン宮殿があり、ローマ教皇が居住しています。

コンスタンティノープル

— Constantinople —

海峡に面したヨーロッパとアジアの結節点

古代のローマ帝国、東西分裂後の東ローマ帝国、さらにオスマン帝国という、地中海を制した3つの大国の都とされてきたのが、コンスタンティノープル（現在のイスタンブール）だ。

ギリシャ人に築かれたこの町は、2700年近い歴史の中で、ローマ帝国の内紛、十字軍の遠征、イスラム勢力の侵攻など数々の戦乱を経て、ヨーロッパとアジアの文化が混在する都市へと成長した。

現在属する国：トルコ共和国
人口：約1,500万人（2019年時点）

4つの名前を持った都市

時代とともに名を変えた都市はいくつもあります。なかでも現在のトルコにある都市・イスタンブールは、15世紀までは「コンスタンティノープル」、4世紀までは「ビザンティオン」と呼ばれ、一時は「ノウァ・ローマ（新ローマ）」とも呼ばれました。

イスタンブールという名から、一見すると「イースタン＝東方」を連想するかもしれませんが、ギリシャ語の「イス・ティン・ポリン（町へ）」という言葉が由来です。

しかし、トルコの近隣に住むギリシャ人は、東ローマ帝国（ビザンツ帝国）時代の呼び名にならって、現在もギリシャ風の読みで「コンステンティヌーポリ」と呼びます。

コンスタンティノープルは黒海とエーゲ海を結ぶボスポラス海峡に面し、古くからヨーロッパとアジアが接する要衝でした。緯度は日本の青森県と同じぐらいですが、盛夏の平均気温は摂氏29℃、真冬は4℃と比較的過ごしやすい気候です。

紀元前658年、ギリシャのメガラ族のビザンス王がこの地に植民都市ビザンティオンを築きました。最初の市街地は、ボスポラス海峡のヨーロッパ側につくられました。

ビザンティオンは、東方から侵攻してきたアケメネス朝ペルシャの支配を経て、紀元前4世紀以降はどこの国にも属さない自治都市となりましたが、紀元前1世紀にローマ帝国の版図に組み込まれました。

遷都時に気を配られた水の確保

紀元後196年、ビザンティオンはローマ皇帝セプティミウス・セウェルスとその政敵ニゲルの抗争に巻き込まれ、市内は皇帝の軍によって徹底的に攻撃されました。数年後には再建され、市街地は以前の倍の広さに拡張されます。

3世紀末、ローマ帝国の広大な版図を西方と東方に分割し、それぞれの正帝と副帝が支配する「四分統治（テトラルキア）」体制が取られます。西の副帝コンスタンティウス1世の子であったコンスタンティヌス1世は各地の政敵を破って唯一の正帝となり、330年にビザンティオンに都を移すことを宣言しました。

遷都の理由は明言されていませんが、このころには帝国の経済の中心地は東方に移っていたことに加え、コンスタンティヌスはキリスト教に帰依していたので、古来、

イスタンブールの位置

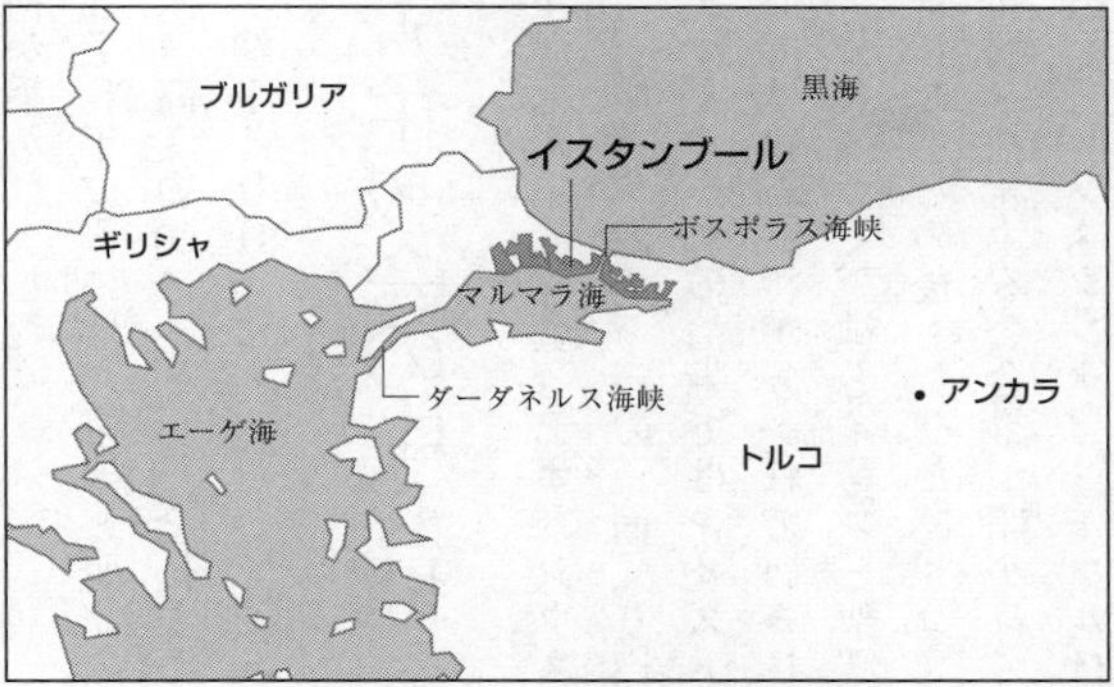

アジアとヨーロッパを分かつ、ボスポラス海峡の両側を市域とする。

ジュピター（ユピテル）神などの多神教信仰が根づいていたローマを離れ、心機一転をはかったようです。新たな都は当初「ノウァ・ローマ（新ローマ）」と名づけられましたが、のちにはコンスタンティヌスの名から、ラテン語で「コンスタンティノポリス」、英語では「コンスタンティノープル」という名が定着します。

新都の建設にあたり、主要な建築物はローマ市内の7つの丘を模した7カ所の丘に配置されました。市の中央にはコンスタンティヌス広場が築かれ、この広場を起点に道路網が整備されます。コンスタンティノープルは、海に囲まれ真水を手に入れにくかったので、飲料水を確保するため広場の地下に巨大な貯水槽が築かれました。

375年ごろには、市街と西北の森にある水源を結ぶヴァレンス水道橋が設置されます。高さ約20メートル、全長1キロメートル近くにおよぶこの水道橋は、19世紀まで、約1400年にもわたって使われることになります。

東方正教会の中心地

4世紀末には、皇帝テオドシウスが本格的にコンスタンティノープルを都として整備し、城壁や港湾、市の正面入り口である黄金門などを築きました。

テオドシウスの治世ではキリスト教がローマ帝国の国教とされます。多くの神学者の間では教義解釈が分かれていましたが、381年に開催された「コンスタンティノープル公会議」で、神とイエスと聖霊の関係を整理した「三位一体説」が正統と決定されました。その後もたびたび、コンスタンティノープルでは、キリスト教神学の正統と異端を判断する公会議が開かれています。テオドシウスの没後、ローマ帝国は東西に分裂。コンスタンティノープルは東ローマ帝国の都となります。476年に西ローマ皇帝が空位となって以降、西欧は群雄割拠の時代に入り、ローマは衰退しますが、コンスタンティノープルは発展を続け、4世紀には約20万人だった人口が5世紀には50万人に達します。

ローマ帝国の東部ではコンスタンティノープル総主教座が中心的な教会になりました。総主教座が置かれたアヤ・ソフィア（聖なる智慧）寺院は360年に創建され、火災で焼失して再建されたのち、6世紀にはユスティニアヌス1世の統治に不満を抱く市民が起こしたニカの乱で破壊されます。537年に2度目の再建を果たし、ローマ帝国では規模も形状も前例のない直径33メートルの巨大ドームを備えた建築が生まれました。本体は煉瓦造りで内側の壁はすべて大理石で装飾されました。

東ローマ帝国では、7世紀には支配階級も住民もローマ人の子孫ではなくギリシャ人が大多数を占めるようになり、ギリシャ語が公用語とされます。コンスタンティノープルは、東方から侵攻してくるイスラム教勢力との衝突をくり返しつつも地中海貿易の拠点として繁栄を続け、古代のギリシャ哲学とキリスト教を融合させた独自の神学や、ギリシャの彫刻や絵画とキリスト教の美術が融合したモザイク画や聖像などのビザンティン美術が発達しました。

8世紀に西欧の各国に影響力を持つローマ教会とコンスタンティノープル主教座が教義解釈をめぐって衝突し、11世紀にローマ・カトリック教会と東方正教会の分裂が起こります。やがて西欧で十字軍による遠征がはじまると、イタリア半島のヴェネツィアやジェノヴァの商人が地中海の航行や通商を主導し、コンスタンティノープルを中心とした東ローマ帝国の制海権と貿易利権をおびやかすようになります。

1204年には、ベネツィア商人に煽動された第4回十字軍がコンスタンティノープルを占領して、現在のベルギーからフランス北部を治めていたフランドル伯を皇帝とするラテン帝国を建国しました。東ローマ帝国は、一時的に東方のアナトリア半島にあるニケア（ニカイア）に遷都し、1261年に都を奪回します。

この一連の争乱に加え、東ローマ帝国はトルコ系のイスラム教勢力であるセルジューク朝からも侵攻されて衰退していきました。

船を山越えさせての攻略戦

14世紀に入ると、地中海の東部ではセルジューク朝に代わって、オスマン帝国が勢力を広げます。1453年、オスマン帝国のメフメト2世は、約8万人の軍を送り込み、コンスタンティノープルの攻略をはかりました。東ローマ軍は、ボスポラス海峡の金角湾に、幅800メートルもの長さの太い鎖を張って敵艦が侵入できないよう封鎖。一方のオスマン帝国軍は72隻の艦隊から一度兵を降ろし、船を山越えさせて陸から海峡に入り、コンスタンティノープルを陥落させます。

オスマン帝国の支配下では、ローマ帝国に由来するコンスタンティノープルという名はしだいに使われなくなります。1457年ごろから、冒頭でふれたようにギリシャ人の口語表現に由来する「イスタンブール」という呼び名が定着しました。

オスマン帝国は市内の多くのキリスト教会をモスク（イスラム寺院）に改装し、アヤ・ソフィア寺院ではキリスト像などのモザイク画が漆喰で塗りつぶされました。ただし、東方正教会の総主教座は引き続き市内に置かれ、17世紀以降は、旧市街北部の聖ゲオルギオス大聖堂を総主教座とすることが定着します。

1478年ごろには、皇帝の居城としてトプカプ（「大砲の門」の意味）宮殿が完成します。敷地面積70万平方メートルにもおよぶこの宮殿は、以降も増改築をくり返すうち、中東とヨーロッパの建築様式が混在する独特の建物になります。オスマン帝国は、地中海やバルカン半島での覇権をめぐって神聖ローマ帝国と対立し、より西方にあるフランスと同盟を結びました。このため、モスクや宮殿の内装には、フランスから取り入れたバロック様式の装飾が用いられています。

ヨーロッパ人も厚遇された

オスマン帝国の最盛期を築いたのが、1520年に即位したスレイマン1世です。その名を冠するスレイマニエ・モスクは、1557年にイスタンブールの中心部に完成しました。高さ54メートル、直径27メートルもの巨大ドームを備え、建物を囲む4本のミナレット（尖塔）の表面にまで緻密な装飾が施されています。このモスクを設計した建築家ミマール・スィナンは、同時期にイタリアで活躍したミケランジェロと並ぶ天才とされています。オスマン帝国には、優秀なキリスト教徒の子弟をイスラム教に改宗させ、高級官吏やイェニチェリと呼ばれる皇帝直属のエリート軍人に育成する制度があり、スィナンも、もとはギリシャ人のキリスト教徒でした。

1616年には、スィナンの門弟のメフメト・アーが手がけたスルタンアフメト・

現在のイスタンブールの中心市街

旧市街地に、宮殿やモスクといった重要な建物が配置された。

モスク（通称「ブルーモスク」）が完成します。モスクでは建物を囲む尖塔を4本までとするのが通例でしたが、このモスクには6本ありました。建設された時点では、イスラム教の聖地メッカにあるモスクよりも塔の数が多く、当時のイスタンブールがイスラム世界の中心だったことを象徴していたといえます。

スレイマン1世は、異民族、異教徒の活動も保護し、イスタンブールには支配民族であるトルコ人をはじめ、在来のギリシャ人、ユダヤ人、ブルガリア人やセルビア人、ほかのバルカン半島の諸民族、オスマン帝国統治下のアラブ人、アフリカ北部の黒人なども多数流入しました。フランス人やイギリス人の商人は、イスタンブールで自由に行動できる通商特権（カピチュレーション）が与えられ、金角湾のガラタ地区にヨーロッパ各国が居留地を建設します。

イスタンブールの人口は、16世紀には70万人に達します。市内ではローマ帝国の時代から引き継がれた公衆浴場に加えて、カフェが社交の場として大いに人々を集めました。また、地中海の魚介類やオリーブを使うギリシャ料理と、羊肉やヨーグルトなどの乳製品を使うトルコ料理が融合して、豊かな食文化が発達します。

21世紀の今も東西を結ぶ要衝

17世紀以降、西欧諸国にとって交易活動の主な舞台は地中海から大西洋に移り、地中海都市の重要性は低下していきますが、依然としてイスタンブールは中東進出の拠点と目されました。1883年には、イスタンブールからドイツのミュンヘン、フランスのパリを結ぶオリエント急行が運行を開始します。

1918年、オスマン帝国は第一次世界大戦でイギリスやフランス、ギリシャなどの連合国に敗れ、イスタンブールは一時的に占領されます。ケマル・アタチュルクらが率いる国民軍によって連合軍は撃退されますが、皇帝の権威は失墜し、オスマン帝国は解体されます。1923年にはトルコ共和国が成立し、初代大統領に就任したアタチュルクは、コンスタンティヌス1世が遷都で心機一転をはかったように、首都を大国民会議が置かれていたアナトリア半島内陸のアンカラに移しました。

かくして、イスタンブールは首都の座から降りましたが、依然としてトルコでは最大の人口を誇る商業都市です。現在の市街は、ヨーロッパ側のベイオール、エミノニュ、ファティフ、アジア側のユスキュダル、カドキョイの5地区で構成され、ファティフ区に最初に町が築かれた旧市街が含まれています。

ローマ帝国からオスマン帝国まで各時代の建物が混在する市街は、現代でも観光客に高い人気があります。ボスポラス海峡はロシアやウクライナなどの船舶が黒海から地中海に出るときにも利用され、年間約4万隻もの船舶が通航します。1973年には、市のヨーロッパ側とアジア側を結ぶ全長1074メートルのボスポラス大橋（現在は「7月15日殉橋者の橋」）が完成し、さらに2011年には海底トンネル（ユーラシア海底トンネル）も開通しました。ヨーロッパとアジアを結ぶ交通上の要地としての立ち位置は今も変わりません。

長安 ― Changan ―

数多の王朝が興亡した永遠の都

前漢時代から数多くの王朝の都となった長安。唐の最盛期のその人口は100万人といわれ、整然とした町並みの巨大都市は東アジア諸国のあこがれの的であった。近隣に周、秦などの諸王朝の都も位置し、長安一帯には唐の滅亡までの中国史が凝縮されている。

広大な中国の中でも、長安とその周辺地域が幾度も都に選ばれた理由とは。

現在属する国：中華人民共和国
現在の人口：約987万人（2019年時点）

自然の要害に守られた地

今でこそ重慶や上海などの長江流域の都市が目覚ましい発展を遂げていますが、古代から中世までは黄河の中流域（中原）の都市が歴史の主な舞台となっていました。そのひとつが長安（現在の陝西省《せんせいしょう》西安市《せいあんし》）です。

長安の一帯は黄河の支流である渭水《いすい》が流れる盆地です。この地域に最初に都を置いたのは周王朝です。その前半期である西周時代（紀元前11世紀ごろ～）に、現在の西安近郊の鎬京《こうけい》が都に定められました。その理由は、地理的環境が軍事的・経済的に恵まれていたためと考えられます。北を流れる渭水や、南に連なる2000～3000メートル級の秦嶺山脈が天然の要害となり、肥沃な地質が農業に適していたからです。

周は紀元前770年ごろ、黄河中流域の洛邑《らくゆう》（現在の河南省洛陽市）に遷都します。以後を東周といいます。このころから周は衰え、紀元前3世紀後半まで争いや分裂をくり返す春秋・戦国時代に突入します。この時代、現在の西安北西に都を置いたのが、戦国時代の有力7国「戦国の七雄」の1国の秦です。紀元前4世紀、渭水北岸の咸陽《かんよう》を都とした秦は、紀元前3世紀には東周と六国《りっこく》（秦を除く七雄）を滅ぼし、紀元前221年に初めて中国を統一します。

統一に成功した始皇帝（嬴政《えいせい》）は天下の富豪12万戸を咸陽に移住させ、人口が増加したため都市の拡張を計画しますが、咸陽の北は高原地帯のため進出できませんでした。そこで、始皇帝以前の時代から宮殿などがつくられていた渭水南部が、周代にまでさかのぼれる由緒ある地であることから、渭水南岸に阿房宮《あぼうきゅう》などが築かれます。こうして咸陽は渭水が東西を貫く都市として拡大しました。

始皇帝の陵墓が造営されていたのもこのころです。20世紀には陵の周辺から陶製の人馬像・兵馬俑が発見されて世界文化遺産に登録され、現在は西安近郊の名所となっています。

荒廃と復興をくり返す

始皇帝の死後、各地で秦への反乱が勃発します。秦は統一から15年で崩壊し、秦に滅ぼされた楚出身の将軍・項羽らの手により咸陽は荒廃しました。その項羽との戦い

渭水周辺に置かれた都など

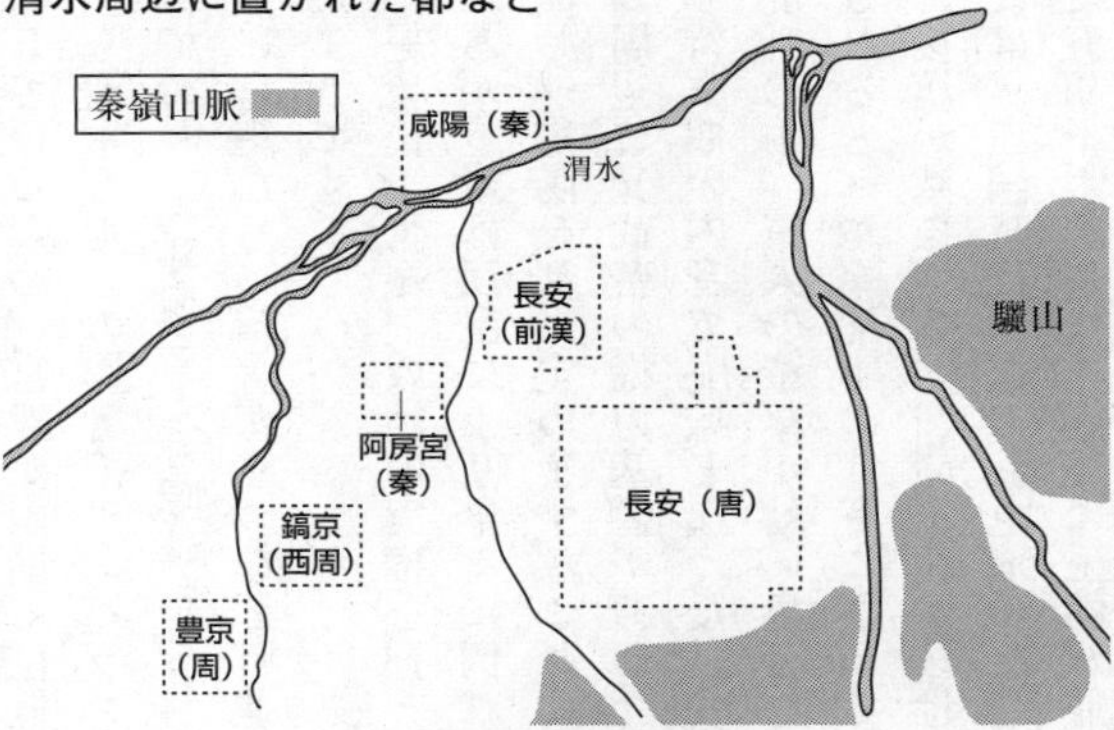

集英社『長安・洛陽物語』p21の図をもとに作成

渭水とその支流域に周王朝から唐王朝までの多くの都が置かれた。

（楚漢戦争）に勝利した農民出身の劉邦は漢王朝（前漢）を建て、数百年続いた東周の旧都・洛陽に都を置こうと考えます。しかし、東は函谷関《かんこくかん》、西は散関《さんかん》、南は武関《ぶかん》、北は蕭関《しょうかん》に囲まれた関中（渭水盆地）の防衛力や、農業生産力の高さを推す臣下らの進言を聞き入れ、始皇帝が拡張した渭水南岸の咸陽跡地に長安を築きました。秦代の古い地名に由来するとされ、「長《とこ》しえに安らかなり」と書く長安は、「永遠の都」を意味します。

長安では秦代の離宮が増改築され、新たな宮殿も加えられ、2代皇帝・恵《けい》帝のころに城壁ができ、都として完成しました。

秦代に拡張された咸陽の南半分をベース

にしているため、宮殿が南端に位置し、北に向かって都市が広がる独特の構造で、城壁も渭水と地形の影響でアンバランスな形状でした。北壁が北斗星、南壁が南斗星に似ており、「斗城《とじょう》」とも呼ばれました。宮殿周辺の空き地に役所が、宮殿や役所の周囲に官吏たちの宿舎が立つなど町並みも雑多で、計画的につくられた都市ではなかったようです。

紀元後1世紀、政治の実権を握った外戚の王莽《おうもう》は漢を滅ぼし、新を建国します。ところが、新は反乱により早々に倒れ、動乱を収めた劉秀（光武帝）が漢（後漢）を再興し、洛陽を都に定めます。これには、洛陽が神聖な地であるという思想のため、洛陽周辺に光武帝の権力基盤があった、長安が荒廃していた、など諸説あります。

新末期の内乱で廃墟となった長安は後漢時代に復興しつつありましたが、後漢末の混乱の中、軍人の董卓《とうたく》が幼い皇帝を連行して強引に長安へ遷都します。その董卓も殺されると、董卓配下の武将によって、またもや無残に破壊されてしまいます。

後漢が滅亡すると、諸王朝が3世紀半ほど興亡する魏晋南北朝時代を迎えます。長安は、三国時代は魏の駐屯地になり、主に北方の遊牧民族が打ち立てた王朝が興廃した五胡十六国時代、南北に王朝が並立した南北朝時代でも王朝の都城となりました。

周到な都市計画で支配を正当化

6世紀、長安に都を置いた北朝のひとつ、北周の皇帝の外戚であった楊堅《ようけん》が、帝位を譲られて文帝として即位し、隋を建国します。長安は文帝の北周時代の爵位に由来する「大興城《だいこうじょう》」と改名されて都となり、前漢より続いた旧長安の東南約10キロメートルの地に新たに建設されました。

旧長安は建築物の老朽化や、長年の使用による塩化で生活用水が塩分を含んで使用困難になったこと、水害を受けやすい低地に位置することなど条件が悪く、他民族の侵入や人口増加に備えて軍事・治安機能を高める必要もありました。そこで、秦嶺山脈からの水に恵まれた丘陵地帯に新都が造営されることになったのです。

旧長安とは対照的に、大興城は計画都市でした。中央北端に皇帝と皇后の住まいである宮城、宮城の南に官庁街である皇城があり、宮城と皇城は城壁に囲まれていました。皇城の南端から幅約150メートルのメインストリートである朱雀《すざく》門街がまっすぐ南に約4キロメートルのび、市場が東西に設けられるなど、朱雀門街を中心軸に完全な左右対称の街が広がっていました。街は壁と門を備えた小さな都市のような「坊」と呼ばれる110の区画に分けられ、坊内には住居や寺廟などが並びました。さらに、碁盤の目のように整備された街を、高さ約5メートルの城壁（外郭城）が囲みます。

大興城の造営は太陽の運行や北極星の観察などによる方位測定からはじまり、南北の中心軸と宮城の位置を決めてから、皇城や街路などがつくられていきました。ちなみに、外郭城の工事は隋の2代皇帝・煬帝《ようだい》の時代に開始され、続く唐代の3代皇帝・高宗のときに完成しています。

これほど壮大な都が整備された理由は、隋王朝のルーツにあると考えられています。北朝に連なる隋を治める皇帝の祖先は狩猟遊牧民である鮮卑族とされます。一方、漢人の皇帝が治める南朝は漢代から続く中国古典文化を継承し、王権の正統性を主張していました。南朝を倒して南北を統一した文帝は、隋の支配を正当化するべく、中国古来の伝統思想をちりばめた新都を計画したのです。

たとえば、陰陽思想などをもとにした左右対称の配置や、儒教が重視する経典『周《しゅ》礼《らい》』に記された理想的な都市プランと共通する構造などが挙げられます。南北の中心軸上に置かれた宮城は、そこに住まう皇帝が秩序の根源であることを表しました。なお、『周礼』の理想都市は宮城が都市の中央に位置しますが、大興城では中央北端に配置されています。この理由については、北極星を天の中心として絶対視した思想のため、南北軸を利用した王朝儀礼を行うためなど諸説あります。

文化のるつぼ

紀元後618年、隋は建国から37年で滅び、李淵《りえん》（高祖）によって唐が建国されます。唐は大興城をそのまま引き継ぎ、長安と改名して都に定めました。長安は周辺諸国の都のモデルとなり、日本では長安を模倣して平城京がつくられましたが、その規模は長安の4分の1ほどでした。

唐代に入るとふたつの宮殿が追加されました。やや低地に位置した宮城で塩害が発生し、水質が悪化したことなどを理由に、7世紀前半から中ごろにかけて宮城の東北に位置する高台に2番目の宮殿・大明宮《たいめい》がつくられ、6代皇帝・玄宗の治世の8世紀前半には東市の近くに3番目の宮殿となる興慶宮《こうけい》が建てられます。

新宮殿の建築は左右対称の整然とした都市プランをくずしただけでなく、住民の住み分けにも影響しました。大明宮と興慶宮に近い朱雀門街の東側（街東）の北部から中部にかけて官人が集住し、東市とその周辺は官人などを主な顧客とする高級商店街が形成されました。対照的に、朱雀門街の西側（街西）は西市を中心とした庶民街となり、西市には小規模な店舗が並びました。なお、街東の官人たちは自然豊かな街西中南部に別荘も保有していました。

7世紀、唐が遊牧民国家の突厥《とっけつ》を破ります。これを皮切りに、西域のオアシス都市を征服し、シルクロードの要衝を押さえたことで、長安は国際色豊かな都へと発展します。各国の朝貢使節や商人などが集い、イラン系王朝であるササン朝の滅亡時には多くのペルシャ人が移住し、街西には西域人の居住区ができました。

長安には仏教や道教だけでなく、ゾロアスター教や、キリスト教の一派である景教、マニ教といった多彩な寺院が建立されました。とくに多かったのは仏教寺院です。街東の青龍寺には空海が留学し、当時、長安の仏教界で最新の学説だった密教を学び、帰国後に真言宗を開いています。中国の小説『西遊記』に登場する三蔵法師のモデルとなった玄奘が、西域から持ち帰った仏典を納める場所として大慈恩寺境内に大雁塔《だいがんとう》がつくられました。塔は現存し、頂上から西安市内を一望できます。

長安の構造

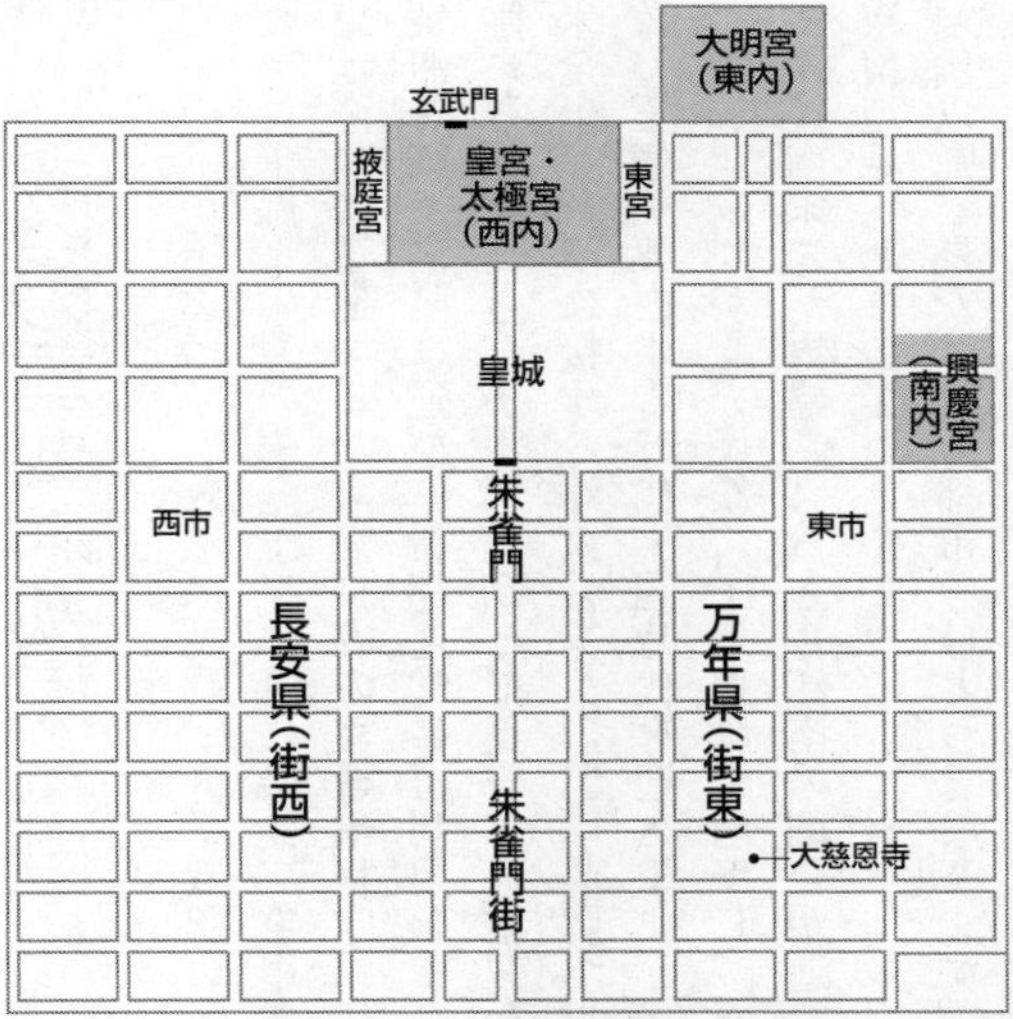

集英社『長安・洛陽物語』p70の図を参考に作成

古代中国の思想にもとづいて、計画的に長安城はつくられた。

日本から遣唐使として派遣された阿倍仲麻呂が才能を見込まれて玄宗に重用され、活躍した舞台も長安です。仲麻呂は帰国できず、長安で客死しています。

長安は玄宗の治世に人口100万人を擁したとされ、最盛期を迎えました。

しかし、楊貴妃が玄宗に寵愛されたことで楊一族が実権を握ります。楊一族への反発をきっかけに安史の乱が起こり、唐は衰退をはじめます。

西北地区の重要な拠点

安史の乱が鎮《しず》まっても政治は乱れ、875年に黄巣《こうそう》の乱が起こります。その乱の幹部だった朱温《しゅおん》（のちの朱全忠《しゅぜんちゅう》）は唐に降り、重用されて実権を掌握します。そして朱全忠は洛陽に遷都するため、長安の宮殿や官庁、住居などを取り壊し、材木を渭水から黄河を経て洛陽に運び、新都造営に再利用しました。このとき、皇帝も一般住民も洛陽に移住させられます。こうして長安は廃墟となり、間もなく唐は滅亡しました。

朱全忠が黄河に接する汴京《べんけい》（現在の河南省開封《かいほう》市）を都として後梁《こうりょう》を建国したのち、複数の王朝が興亡する五代十国時代を迎えます。10世紀半ばに開封を都として建てられた宋（北宋）が北方民族に圧迫されて南下し、臨安（現在の浙江《せっこう》省杭州市）を都とする宋（南宋）が再建されると、江南の開発が進行し、中国経済の中心は長安周辺から東南地域へと移っていきました。

宋代以降、長安は地方都市のひとつとなります。唐代の末期に補修された皇城は、元代には「西北地区を安定させる」という願いが込められた「安西城」、「元を尊奉する」という意味の「奉元城」と改称され、中国西北部の軍事拠点となりました。13世紀にはのちに『世界の記述（東方見聞録）』を記すマルコ・ポーロも訪れています。その後、1368年に明を建国した朱元璋《しゅげんしょう》（洪武帝《こうぶ》）の次男に旧長安一帯が統治された際、現代の呼称「西安」と呼ばれるようになります。この名には元代の安西城と同じく「西を安んじる」という祈りが込められていました。今も残る城壁は西壁と南壁に唐代の名残が見られるものの、東壁と北壁は明の時代に増改築されたものです。現在の西安のシンボルとなっている鐘楼と鼓楼も明代に創建されています。

1936年には、西安事件が起こります。このころ、共産党と国民党の内戦が続いていましたが、国民党の指導者・蒋介石が同党の将軍に監禁されて内戦停止と抗日戦を要求され、日本に対する抵抗運動「抗日民族統一戦線」へとつながりました。なお、翌年にはじまった日中戦争時、蒋介石率いる国民軍が日本軍の侵攻を阻止しようと黄河を人工的に氾濫させた際、一部の被災者は大明宮の跡地に住みついています。

現在の西安は中国西北地方の経済や産業の中心となる都市で、陝西省の省都でもあります。その重厚な歴史から中国六大古都のひとつに数えられ、かつて遣唐使を通じてつながった奈良市とは友好都市、京都市とは姉妹都市として交流が続いています。

バグダード

イスラム帝国の最盛期を築いた「平安の都」

— Baghdad —

砂漠が大部分を占めるアラブの地において、ティグリス川とユーフラテス川を利用した運河に囲まれたバグダードは、東西のさまざまな人々と商品が集まる水上都市として発展した。

アッバース朝の都として栄えたのちは、モンゴル帝国やイギリス、アメリカなどの大国に侵攻されながらも、中東屈指の大都市としての地位はゆるがない。

現在属する国：イラク共和国
人口：約722万人（2019年時点）

「神により建設された都」

ティグリス川沿いのイラク平原の中央に位置するバグダードは、バビロニアの都バビロン（10ページ）から90キロメートルほど北にあります。イラクの大部分は夏の気温が摂氏50℃近くにもなる砂漠気候ですが、バグダードを含む古代のティグリス川沿岸地域は、サワードと呼ばれる緑豊かな穀倉地帯でした。

この地には古代メソポタミアで遊牧や商業に従事したアラム人によって、紀元前8世紀ごろから集落が築かれています。3～7世紀の中東を支配したササン朝ペルシャ帝国の時代には農産物の集積地とされ、バグダードという地名は、当時のペルシャ語で「神により建設された都」を指すといわれます。

ペルシャの技術による円形の城市

610年、アラブ族出身のムハンマドがイスラム教を創始し、イスラム教団の組織がササン朝に代わってアラビア一帯を支配下に置きます。ムハンマドの後継者である「カリフ」の地位は合議で選ばれました。

第4代カリフのアリーの死後、5代目カリフとなったムアーウィヤの一族は、シリアのダマスカスを都とするウマイヤ朝を築きました。一方、アリーの一族を支持する勢力はシーア派と呼ばれ、多数派のスンナ派と対立するようになります。

ウマイヤ朝ではアラブ族が権力を独占したため、しだいにペルシャ人など支配下のほかの民族の反発が高まり、750年にウマイヤ朝は打倒されてアッバース朝が成立します。アッバース朝は当初、ユーフラテス川に面するクーファを都としました。ところが、同地を拠点としていたシーア派勢力との間で政争が起こり、アッバース朝の第2代カリフとなったマンスールは遷都を検討します。

マンスールは複数の候補地から、ティグリス河畔のバグダードを選びました。河川を通じての物流に便利なうえに、軍の駐屯地として安全と判断したのです。新都の建設は762年にはじまり、約10万人の労働力が費やされました。

767年に完成したバグダードは、「平安の都（マディーナ・アッサーム）」と通称されます。市街は直径約2・35キロメートルの円形をした三重の城壁に囲まれ、中

アッバース朝とその周辺国

コンスタンティノープル、長安という大都市と同時期に出現した。

心の壁の高さは約34メートルもありました。城壁の材質は一辺が50センチメートルの煉瓦でした。主に使われたのは日干し煉瓦なので、焼き固めた焼成煉瓦より耐久性が低かったようです。このため城壁の残骸はほぼ残っていません。

のちのイスラム圏の都市は六角形や八角形の場合が多いのですが、バグダードが円形だったのは、古代メソポタミアの都市にならったようです。

アッバース朝は、信徒間の平等を唱えたイスラム教の教義に沿ってアラブ人以外の民族も要職につけ、バグダードの建設にあたってペルシャ人の建築技師を活用し、王宮の中庭の配置などにペルシャの建築様式が反映されていました。

直径約1・8キロメートルの中央広場には宮殿とモスク（イスラム寺院）が置かれ、宮殿は天球を模した緑色のドームに覆われていたといわれます。後年のイスラム圏の都市では、中央にモスクを配置し、その周囲に市場が広がる形式が一般的になります。しかし、バグダードでは治安の維持を考慮して市場や庶民の住居は城壁の外に築かれ、市域の内側には王族や高級軍人のみが居住しました。

東西から流入した文物

円形の市域は、ピザを切り分けたように中央広場からのびる4つの大道によって4分割されていました。

4つの大道の端には城門があり、東北の「ホラサン門」からはペルシャや中国大陸へ、東南の「バスラ門」からはティグリス川を経由してインド洋へ、西北の「シリア門」からは地中海沿岸のギリシャや北アフリカへ、西南の「クーファ門」からはアラビア半島におけるイスラム教の聖地メッカへの道が続いていました。

8〜12世紀のバグダード市街

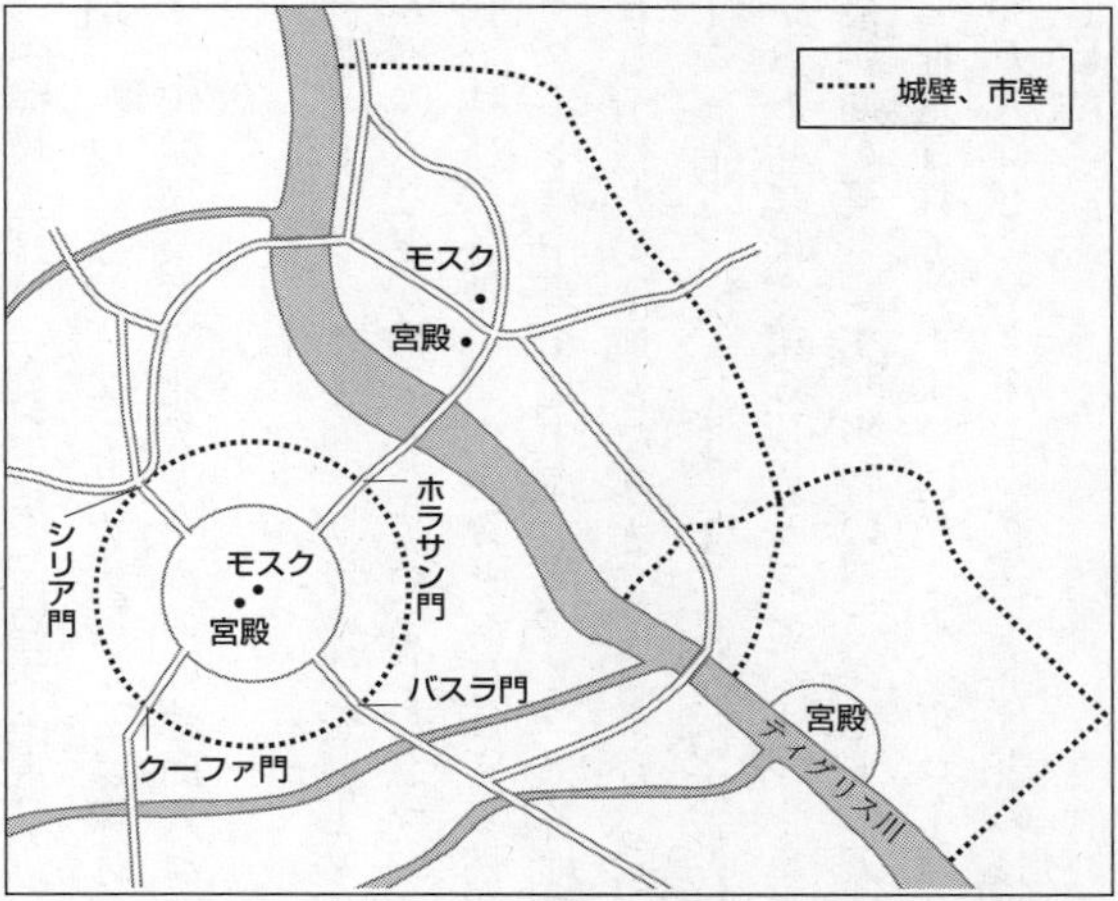

山川出版社『世界史リブレット イスラームの都市世界』p15の図をもとに作成

時代を経るにつれて、宮殿はティグリス川の西岸から東岸へと移る。

さらに市街の外側をとりまくように、ティグリス川とユーフラテス川を結ぶ運河が何本も掘られ、川船による物資の移送や農業用水として活用されます。

中世のバグダードは、西方の東ローマ帝国（ビザンツ帝国）と東方の唐を結ぶシルクロードの要衝であり「世界の十字路」と呼ばれ、多くの商人や物資が流入します。マンスールは、商業の発展を促すため、あえて市場税を徴収しませんでした。

バグダードの市場には、中国大陸や東南アジアからは、陶磁器、絹織物、香料、インドからは鉄、中央アジアからは瑠璃、織物、東欧からは蜂蜜、琥珀、毛皮、奴隷、アフリカ大陸からは象牙などのさまざまな商品が集まり、中央アジアの綿織物業者や北アフリカの奴隷商人など、職業や出身地ごとに街区が設置されました。

国際都市バグダードは、アラブ人をはじめ、ユダヤ人、ペルシャ人、北アフリカのベルベル人などが出入りしていました。マンスールは領土内の主要都市を馬による連絡網で結び、各地の事情をカリフに伝える情報ネットワークを築きます。このため、バグダードは中東や地中海沿岸、アジア各地の王家の動向や、風俗、伝承などが伝えられる情報の集積地となりました。それらがのちに、『千夜一夜物語（アラビアンナイト）』に収められたさまざまな物語の原形になったともいわれます。

786年には、第5代カリフのハールーン・アッラシードが即位し、アッバース朝の最盛期を築きます。当時のバグダードの人口は、100万～200万人にもおよんだと推定されています。同じころ、東ローマ帝国の都コンスタンティノープルの人口は30万人ほどにすぎず、バグダードは唐の長安（82ページ）とともに世界最大級の都市でした。

イスラム教では身体を清潔に保つことを義務づけていますが、個人宅で風呂があるところは少なく、イスラム圏の大都市ではハンマーム（公衆浴場）が市民の社交場となりました。ローマ帝国の浴場と同じく蒸し風呂が主体で、ハールーンの時代には、バグダードだけで約3万カ所ものハンマームがあったといわれます。

ハールーンは文化や芸術の振興にも力を入れ、エジプトのアレクサンドリア図書館から、天文学、数学、建築学、哲学、医学など東ローマ帝国の文献を収集し、それらを集めたバグダードの大図書館は、ハールーンの子であるマームーンの治世に拡充され、「知恵の館」と呼ばれるようになります。中東各地の学徒がここに集い、11〜13世紀にはイスラム圏に侵攻した十字軍を通じて、古代ギリシャ・ローマの学術が西欧に逆輸入されて広まりました。

オスマン帝国によって復活

人口が増えても、バグダードは円形の城壁に囲まれた市域の拡張ができないという問題を抱えていました。ハールーンの没後、813年の内乱で城壁は破壊され、市の中心はティグリス川の東岸に移転します。第8代カリフであるムータスィムの時代には、王宮が抱えるトルコ人傭兵が大量に増えたことで、バグダードより約100キロメートル北方のサーマッラーに新たな王城が築かれました。

10世紀に入ると、アッバース朝では地方の有力者が独立し、北アフリカではカイロを都とするファーティマ朝が成立します。アッバース朝は少しずつ衰退し、1258年にはモンゴル帝国の侵攻を受けてバグダードは徹底的に破壊されました。このため、アッバース朝時代の城壁や街路などはほとんど残っていません。

その後、16世紀には中東におけるイスラム圏の大部分をトルコ系のオスマン朝が支配し、バグダードを再建します。東方からはたびたびサファヴィー朝ペルシャ帝国が侵攻してきましたが、オスマン朝はそのたびにこれを撃退してバグダードを守り抜きました。

往年のにぎわいを取りもどす

19世紀末、中東での勢力拡大をはかるイギリスに対抗して、ドイツは、自国からペルシャ湾までを結ぶ要衝としてバグダードに注目、ベルリン、ビザンティウム（現在のイスタンブール）、バグダードを結ぶバグダード鉄道の敷設を計画します。

バグダード鉄道の建設中の1914年に第一次世界大戦が起こると、イギリスはイラクに侵攻してバグダードを占領しました。大戦の終結後、イラクのアラブ族はオスマン帝国からの独立の意思を強め、1921年にはバグダードを首都とするイラク王国が成立します。しかし、イギリスに追従する王室への国民の不満が高まり、1958年に革命で王政が打倒され、イラク共和国が成立しました。

革命に前後してバグダードの人口は急増し、1947年に約50万人だった市民は、1965年には150万人にまで増えました。石油産業の発展によって都市部に働く場が増え、近隣の農民が大量に流入してきたためです。

21世紀に入って以降、バグダードは2003年のイラク戦争、その後の政府軍とテロ組織ISIL（イラクとレバントのイスラム国）との抗争で市街が破壊され、治安も大幅に悪化してしまいました。ISILの影響が弱まって以降は、市民が夜の町にくり出したり、開催された国際見本市に数十万人もの来場者が集まったりと、バグダードはにぎわいを取りもどしています。

京都

— Kyoto —

日本の中心だった「1000年の都」

今でこそ観光都市としての面ばかりに目がいってしまうが、平安時代からの長きにわたって、京都は日本の首都であり続けた。平安時代は天皇を中心とした貴族政治が執り行われ、室町時代には武家政権の中枢が置かれた。

首都であることから、幾度も動乱の舞台となったが、そのたびに復興を遂げてきたのだ。

現在属する国：日本
現在の人口：約150万人（2019年時点）

決め手は「四神相応《しじんそうおう》」の地

三方を山に囲まれた京都盆地に位置する京都は、かつて「平安京」と呼ばれ、794年10月に桓武《かんむ》天皇によって遷都されて誕生しました。

平安京より以前の都では平城京がよく知られています。平城京は天武天皇系の血筋を支持する貴族や既存の仏教勢力の影響が強く、さらに水利がよくないことから、天武天皇と対立した天智天皇系の血筋である桓武天皇は784年、長岡京へ遷都します。

しかし、遷都の責任者であり信頼していた大臣・藤原種継が暗殺されると、桓武天皇は実弟の早良《さわら》親王の事件への関与を疑い、淡路に流刑としました。その移送中、無実を訴えて絶食していた早良親王は絶命します。

すると、桓武天皇の生母や皇后など身内が次々に病死します。また、洪水、飢饉、疫病が発生したため、人々はこれらの災害を早良親王の怨霊の仕業と考えました。怨霊を恐れた桓武天皇は遷都を決意します。そうして選ばれた地が京都盆地です。

選ばれた理由としては、当時の日本で信じられていた各方角に守護神を置くという中国生まれの思想「四神相応」の条件に合致していたことが挙げられます。北に岩（玄武）、東に川（青龍）、南に大池（朱雀《すざく》）、西に街道（白虎）が位置する土地は最良であるという考えです。京都盆地の北に舟岡山、東に鴨川、南に巨椋《おぐら》池（現在は干拓され消失）、西に山陰道が位置し、視察に訪れた初代造宮太夫の藤原小黒麻呂《おぐろまろ》も太鼓判を押します。

「長安」にならった都市づくり

完成した平安京は、南北約5・3キロメートル、東西約4・5キロメートルの長方形の都市でした。大内裏《だいだいり》（皇居）を北部に設置し、そこから朱雀《すざく》大路が南へとのび、その東側に「左京」、西側に「右京」というふたつの同規模の区画が形成されます。平安京を造営するにあたり参考にされたのが中国の唐王朝の都である「長安」で、左京は「洛陽《らくよう》城」、右京は「長安城」とも呼ばれました。

左京・右京には、24本の大路と48本の小路が存在しました。大路の幅は朱雀大路の約85メートルを筆頭に、約50メートル級、約36メートル級、約30メートル級、約24メートル級と5つの規格がある一方、小路の幅は約12メートルで統一されていました。
そして、これら東西、南北にのびる通りには、それぞれ名称がつけられていました。

平安京の構造

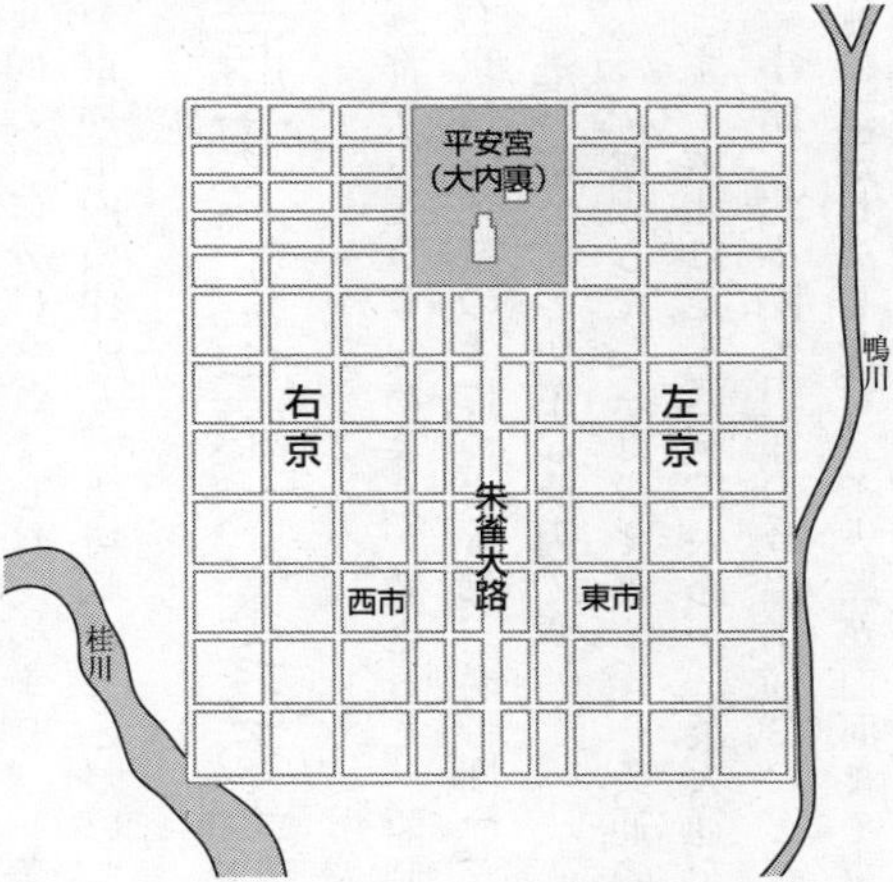

長安や平安京のような構造の都市を「北闕《ほっけつ》型都市」という。

たとえば、一条大通や押小路《おしこうじ》通、錦小路通などです。

大路と小路で区切られた区画を行政区としました。北からの東西に走る主要な大路ごとの行を「一条、二条……」と数え、左京・右京とも大路、小路より区切られた列を一坊として数えました。これを「条坊制」といいます。

条坊制では、一条は四坊に分けられ、さらに一坊は四保に、一保は四町（一町は約120メートル四方）に分けられました。つまり、一条は64の町から成り立っていたのです。現在の京都市内の住所も、条坊制にもとづいています。

衰退する「右京」、栄える「左京」

遷都から100年あまりが過ぎると、西側の右京は衰退して荒廃します。桂川沿いの右京は湿地帯の上につくられ、温帯性マラリアが発生するなどしたため、人々が左京に逃げ出したのが主な原因です。

人々が流入した左京は栄えます。一条通の北へと町域を広げ、大路、小路が増設されます。南北に走る西洞院《にしのとういん》大路が一条大通を越えて、北へ延伸しました。東西に走る武者小路、北小路（現在の今出川通）などが新たに通されます。左京は鴨川を越えて東側に拡張しました。二条大路が白河まで東に延伸し、新たな市街地が生まれ、貴族や官人の邸宅が建てられます。

武士が台頭した平安時代末期には、平家が「六波羅第」（現在の六波羅蜜寺のあたり）を建て、本拠地とします。その周辺には武家屋敷が立ち並びました鎌倉時代になると、都の中心が左京（洛陽城）に移り、都の構造が変化したことから平安京という呼称は使われなくなります。代わって「京」「都」「京洛」「京都」などが用いられるようになり、都へ行くことを「上洛」というようになりました。さらに、市街地での寺院の建立が認められたことから、室町時代には禅宗をはじめ、日蓮宗といった新興宗派の寺院が京中にも建立されます。

1336年に開かれた室町幕府は3代将軍・足利義満の治世に政権が安定すると、商工業者が町小路（現在の新町通）などに店舗を構えるようになり、15世紀の京都は商業都市という一面も持つようになりました。

人口が増えた京都では町の再編が行われ、16世紀にはほぼ二条通を境として、北に「上京」、南に「下京」というふたつの大きな共同体が生まれます。

このまま京都は発展していくかと思われましたが、有力大名や幕府将軍の跡目争いなどに端を発した「応仁・文明の乱」が1467年に勃発します。戦いは10年あまり続き、公家や武家の屋敷が並んでいたため主戦場となった上京は焼け野原となり、100町3万余戸が焼失した一方、商工業者が多い下京の被害は軽微だったと考えられています。

豊臣秀吉の都市改造計画

荒れ果てた京都の大がかりな復興は、本能寺で織田信長が倒れたのち、日本統一を成し遂げた豊臣秀吉の手によって大々的に行われます。

まず、大内裏跡に京都における居城「聚楽第《じゅらくだい》」を建造します（甥の秀次の処分後に取り壊し）。そして上京と下京の間と、南北の通りに半町ごとに新たな道を通したことで、条坊制が復活します。京都の区画は碁盤の目（正方形）というイメージがありますが、このときの町割りにより、南北に細長い区画（短冊形）ができました。

さらに市街地の周囲に、防御と鴨川の治水を目的として、全長約23キロメートルにもおよぶ「御土居《おどい》」と呼ばれる土塁を築き、御土居の内側を「洛中」、外側を「洛外」と定めました。

続いて政権を握った江戸幕府は、京都に二条城を築き、幕府の直轄地として産業を保護します。西陣織を手厚く保護したことが、京都の復興の要になったといわれています。京都の豪商・角倉了以《すみのくらりょうい》が京都と伏見を結ぶ運河（高瀬川）を開削したことで、大坂から淀川を経由して物資を京都市中に運び込めるようになりました。インフラ整備が進んだ京都の人口は35万人にまで増え、江戸、大坂に次ぐ都市に発展したのです。

江戸時代後半になると、秀吉が復興させて以来の、神社仏閣や旧跡を歩く旅ブームが起こり、人々が京都観光を楽しみました。

幕末の京都は、開国を進める幕府と、尊皇攘夷派の長州藩士や志士の闘争の舞台となり治安が悪化します。1864年、幕府軍らと長州藩兵が京都御所付近で衝突した「禁門の変」が起こります。1867年には江戸幕府15代将軍・徳川慶喜が大政奉還を行い、江戸幕府は幕を閉じました。それでも、新政府軍と旧幕府軍は京都郊外でぶつかり、戊辰《ぼしん》戦争の緒戦となる鳥羽・伏見の戦いが起こります。

戊辰戦争において江戸城が無血開城したのち、明治政府の首脳陣は遷都の議論を本格化させ、江戸幕府時代の政庁舎がそのまま利用できることから江戸（東京）を遷都先に選びました。1868年、天皇が東京へと移り、1000年以上におよんだ京都の首都としての機能は失われました。

その後の京都は、第二次世界大戦での戦火をまぬがれ、長く都として培われた文物を活用し、観光都市として世界中の観光客を魅了しています。

サマルカンド ―Samarkand―

東洋と西洋を結んだシルクロードの要衝

ユーラシア大陸の中央には、小さなオアシスをとりまく都市国家が点在し、シルクロードの貿易網の中継地として栄えてきた。なかでもサマルカンドは、中国大陸の唐、イスラム圏のアッバース朝など数々の大国とも深く関わる。

現在のインド北部からトルコまでを支配した15世紀のティムール朝の時代、サマルカンドはイスラム文化圏の中心地だった。

現在属する国：ウズベキスタン共和国
人口：約32万人（2019年時点）

アレクサンドロス大王が絶賛した風景

紀元前4世紀のアレクサンドロス3世（アレクサンドロス大王）。そして『西遊記』に登場する三蔵法師のモデルになった唐王朝の僧である玄奘。中央アジアのウズベキスタン東部に位置するサマルカンドは、このふたりの人物が、それぞれ西と東から足を踏み入れた都市です。

ウズベキスタンは、中国の西方、インド・イランの北方、カスピ海の東方に位置します。乾燥気候の高原地帯ですが、タジキスタンのアライスキー山脈を水源とするザラフシャン川の流域にはオアシス都市が点在し、サマルカンドもそのひとつです。

標高約700メートルの山地に位置するサマルカンドは、水と緑に恵まれた地で、紀元前6世紀から集落が築かれ、ギリシャの史料によると「マラカンダ」と呼ばれるソグド人の都市でした。紀元前327年ごろ、アレクサンドロス大王は、ペルシャ遠征の途上でこの地に侵攻した際、「話に聞いていたとおりに美しい、いやそれ以上に美しい」と評したと伝えられます。

紀元前2世紀に中国大陸の大部分を支配した漢王朝は、サマルカンドを含む中央アジアのオアシス都市国家とも外交関係を結びました。やがて、東方からは絹や紙、陶器など、西方からは軍馬、ガラス製品、宝玉、医術や仏教経典などの文献を輸出するシルクロード貿易が確立されます。これを仲介したのはイラン（ペルシャ）系のソグド人で、当時のザラフシャン川流域はソグディアナと呼ばれます。

中世の最大の名産物は「紙」

紀元後7世紀、仏典を求めて天竺（インド）に向かった玄奘は、天山山脈を越えてサマルカンドから南下して天竺に到達しました。隋・唐王朝の史書では、サマルカンド一帯にあったオアシス都市国家を「康国《こうこく》」という名で記しています。

サマルカンド周辺の一大勢力だったソグド人は、ペルシャに起源を持つゾロアスター教を信仰していましたが、8世紀に西からアラブ系のウマイヤ朝が侵攻してきて以降はイスラム教が普及し、しだいにソグド人固有の文化は衰退します。

中央アジアでは、751年に西から侵攻してきたアッバース朝と唐の軍勢が衝突するタラス河畔の戦いが起こりました。これを機に唐から西方に紙の製法が伝わり、サマルカンドは19世紀まで、イスラム文化圏屈指の紙の名産地となります。この紙の原料はもともと麻でしたが、のちには桑の繊維を使用するようになり、アラビア半島やエジプトでは「王の紙」と呼ばれて珍重されました。

11世紀末には、イスラム王朝のホラズム王国が中央アジアからペルシャまでを支配し、サマルカンドはその都となります。しかし、1220年にはモンゴル軍に侵攻されて徹底的に破壊されました。この時期までサマルカンドの中心地は北部のアフラシャブの丘の一帯でしたが、現在は少数の遺跡が残っているのみです。

イスラム文化圏の中心地に

ユーラシア大陸を席巻したモンゴル帝国はやがて分裂し、1370年にはサマルカンドを都とするティムール朝が成立しました。王朝の創始者ティムールは、トルコ族の文化を身につけたイスラム教徒でしたが、もともとはモンゴル軍人の血を引き、モンゴル帝国の軍事組織や政治制度を踏襲します。

15世紀にティムールの伝記を記した歴史家のアリー・ヤズディーによれば、当時のサマルカンド一帯は「草原の居心地のよさ、樹木の瑞々《みずみず》しさ、建物の堅牢さ、川の流れの穏やかさ」で評判の土地だったといいます。

サマルカンドの歴史においては、「チンギス・ハンは破壊し、ティムールは建設した」といわれます。ティムールはレギスタン広場を新たな町の中心としました。レギスタンとは「砂地」を意味し、ここでは運河によって運ばれてきた砂と泥が固まって地盤が形成されています。広場ではバザールが開かれました。ティムールはインド北部から現在のトルコに至るまでの征服地から、多くの学者や技術者、芸術家などをサマルカンドに移住させ、イスラム神学校などの施設を築きました。

ティムールは外征することが多く、サマルカンドから約80キロメートル南方にある生まれ故郷のケシュをもうひとつの都としました。サマルカンドとケシュの間に幹線道路を建設、外国使節のための迎賓館などの施設を置いています。

さらには、サマルカンドの近隣にアッバース朝の都だったバグダード、ウヤイヤ朝の都だったディマシュク（ダマスカス）、ファーティマ朝の都だったミスル（カイロ）などの名をつけた衛星都市を築きました。これは、サマルカンドをイスラム文化圏の

15世紀ごろのティムール朝とその周辺国

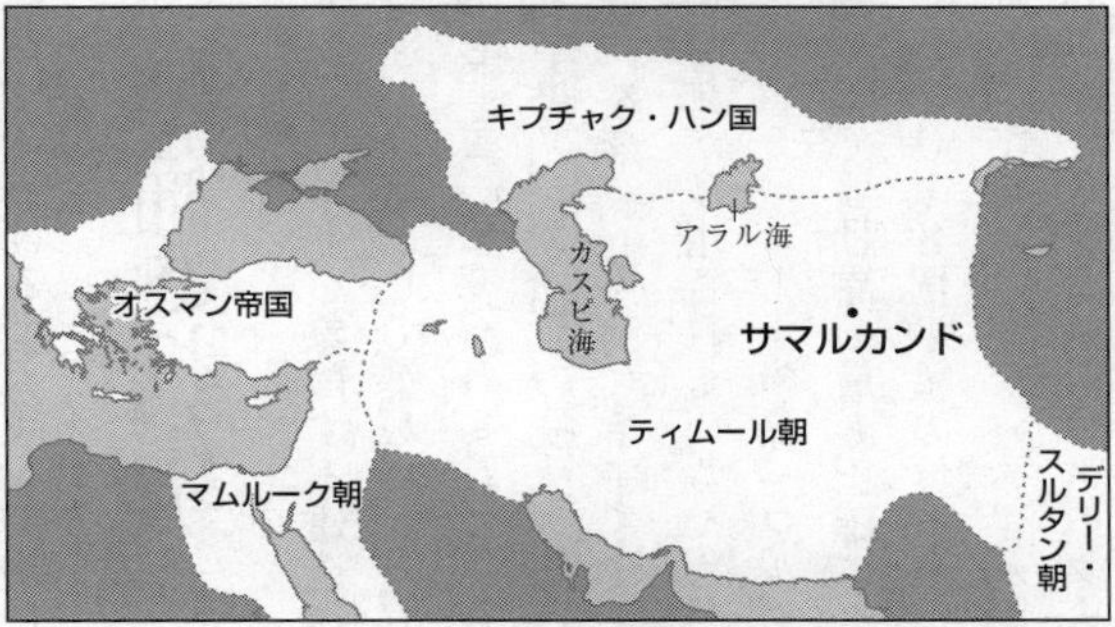

ティムール朝の建国者であるティムールが都をサマルカンドに定めた。

19世紀後半のサマルカンドの新市街

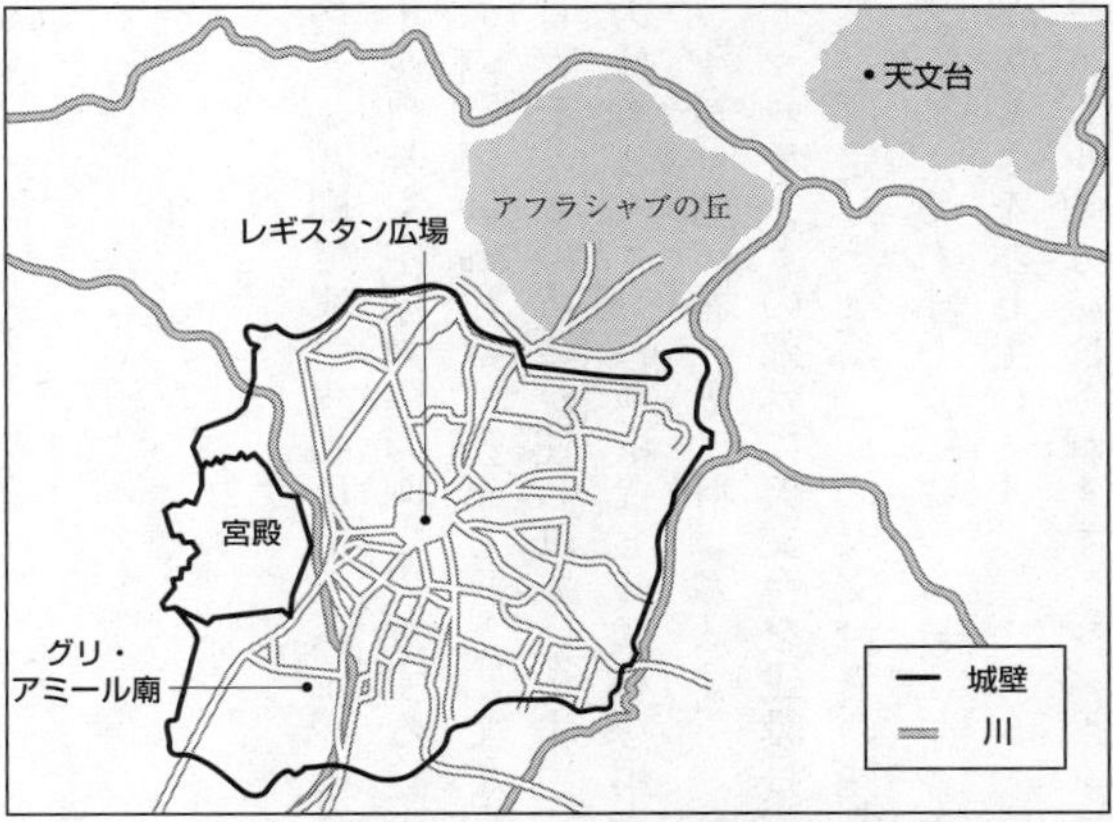

平凡社『中央ユーラシアを知る事典』p216の図をもとに作成

荒廃していたアフラシャブの丘から南西のレギスタン広場を町の中心に据えた。

中心と位置づける世界観を反映していたといわれます。

高く評価された天文学

サマルカンドを象徴する建造物がグリ・アミール廟です。当初はティムールの孫ムハンマドの墓として築かれ、のちにティムール自身も中国大陸の明に侵攻する途上で死去し、ここに葬られました。青いドームの内壁の装飾には、型紙を押し当てて彩色する中央アジア独自の技法が施され、3キログラムもの黄金が使われています。このほかモスク（イスラム寺院）をはじめ多くの建築物も、コバルトなどの顔料を用いた青い装飾が多用されているため、サマルカンドは「青の都」とも呼ばれます。

また、ティムールの孫・ウルグベグは、サマルカンドの郊外に天文台を建設し、15世紀当時では世界で最も正確に1年間の長さを測定しました。この天文台での観測をもとに1018個の星の位置を示した天文表がつくられました。これはヨーロッパにも伝わって使われ、ティムール朝の文化水準の高さを示しています。

16世紀、トルコ系のウズベク人によりティムール朝は滅ぼされます。ウズベク人が築いたシャイバーン朝は、やがて西方のブハラに遷都したため、サマルカンドは衰退します。19世紀になると、ロシア帝国が中央アジアを勢力下に置き、サマルカンドの旧市街の西側にロシア人街が築かれました。1917年のロシア革命に前後する時期からサマルカンド一帯では綿花産業が発達し、1920年代には数年間、ソビエト連邦（ソ連）を構成するウズベク・ソビエト社会主義共和国の首都とされます。

1940年代、ソ連はアラル海周辺での綿花産業のため、アラル海に注ぐ2本の河川の水を大量に使用します。その結果、かつて世界4位の広さだったアラル海は、50年で10分の1まで縮小しました。

長い歴史を持つサマルカンドの民族構成は複雑です。ウズベク人が人口の80％を占めているウズベキスタンの中でも、サマルカンドは、イランと言語のルーツが共通するペルシャ系のタジク人が多数を占め、少数ながら西方から移ってきたアルメニア人やユダヤ人もいます。1930年代には、ロシアの極東に住んでいた朝鮮人も、ソ連共産党の方針でサマルカンドなどの中央アジアの都市に移住させられました。

1991年にウズベキスタンが独立して以降は、旧ソ連時代に抑制されていた民族主義の復興が進み、古代や中世の遺跡の修復が行われています。

アンコール

— Angkor —

壮麗な寺院が並ぶ密林に埋もれた都市群

カンボジアきっての観光名所となっているアンコール・ワットを含む広大なアンコール遺跡は、かつてのクメール王国の王都であり、信仰の地でもあった。

密林に埋もれた石造りの寺院は王の信仰心の篤さを証明するとともに、当時の王朝の繁栄と文化水準の高さを物語る。

現在属する国：カンボジア王国
人口：—（現在、都市は存在せず）

寺院の建立は王の力の証《あか》し

カンボジアの首都プノンペンから飛行機で50分、琵琶湖の4倍（雨季には16倍）もあるトンレサップ湖の北東に世界文化遺産のアンコール遺跡群があります。カンボジアの国旗にも描かれているアンコール・ワットが有名ですが、アンコール遺跡という巨大な遺跡群のひとつと位置づけられます。アンコールとは、「アンコール・トム」を中心に、50近い建築物が立ち並ぶ巨大都市なのです。

このアンコールを建設したのが、9世紀初頭に成立したクメール王朝です。クメール人は現在のカンボジア周辺で暮らしていた民族で、6世紀に真臘《しんろう》という国を建てますが、このころはベトナム南部に勢力を持つ扶南《ふなん》国の支配下にありました。しかし、初代ジャヤーヴァルマン2世が独立を果たし、現在のアンコール・ワットから北30キロメートルにあるプノン・クーレンの丘で即位し、クメール王朝を建てたのです。

クメールの王は代々この地域を都とします。アンコールとは「王都」という意味です。王は即位すると、新しい寺院を建設するのが決まりでした。なぜならクメール王朝は世襲制ではなく、実力で王位を奪い合う王朝だったからです。新しい王は、前王が築いた寺院での祭祀を嫌い、即位するたびに新しい寺院を建てました。クメール王朝ではヒンドゥー教が信仰されており、王は新しい寺院を建造することで、自分の正統性と信仰心、財力を示していたのです。

巨大建築物に緻密な治水事業

歴代の王の中でも、1113年に即位したスーリヤヴァルマン2世は、タイやマレー半島にも進出し、クメール王国の最大版図を築きます。「アンコール・ワット」をはじめ、多くの寺院を建設したのもスーリヤヴァルマン2世です。

やがてベトナム中部のチャンパ王国の侵攻を受けて衰退しますが、1181年に即位したジャヤーヴァルマン7世が勢力を巻き返します。王はアンコール・ワットの北に新都「アンコール・トム」を建設しました。アンコール・トムは一辺約3キロメートルの環濠内につくられた、江戸城の広さとほぼ同じ規模の城砦都市です。高さ8メートルの城壁で都を囲い、周囲には幅100メートルの堀をめぐらせて王と臣民を保護

アンコールの位置

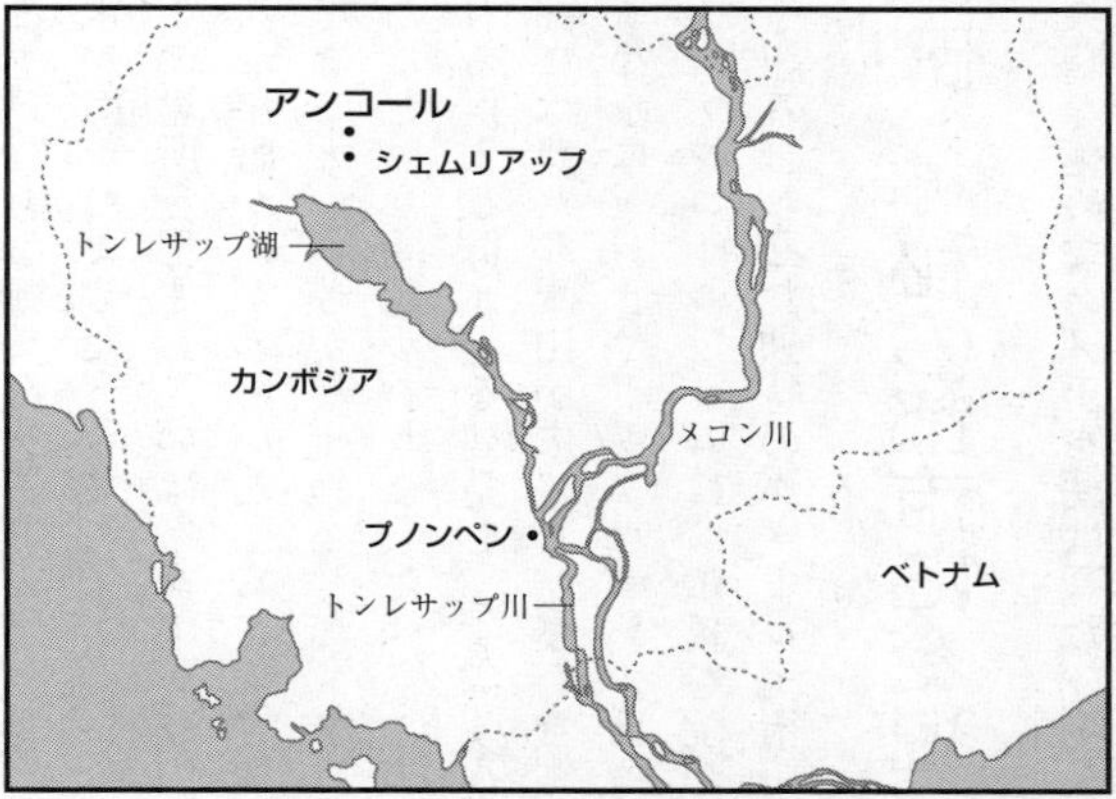

カンボジア北部のシェムリアップ州に、アンコール遺跡群は存在する。

アンコール遺跡群

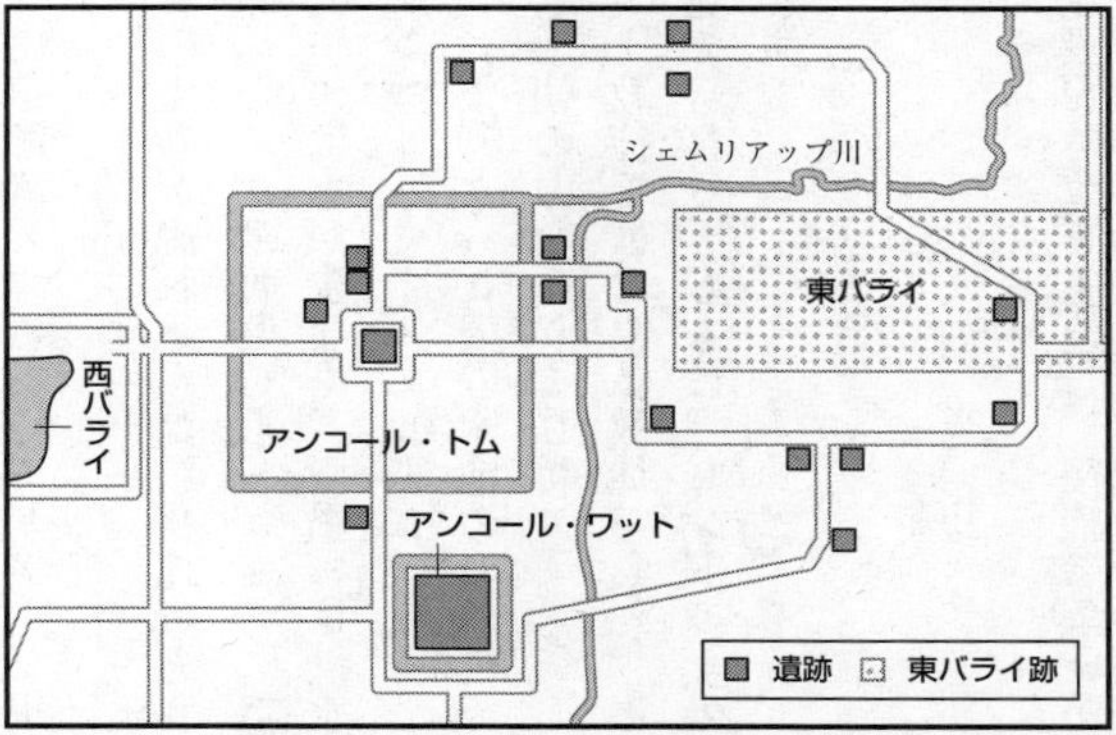

東西のバライの周辺に、歴代の王によって築かれた都や寺院が散在する。

します。巨大な堀（バライ）には、北のクーレン山を源流とするシェムリアップ川から水が引かれました。

この場所を都としたのは、クーレン山から大量の土砂が流れ込んだ扇状地であり、肥沃な平野が広がっていたからです。加えて熱帯のため、農作物の収穫が1年に3度もできるという豊かな土地でした。とはいえ、乾季には水が少なく、雨季には洪水が起こるという問題がありました。そこで王は、アンコール・トムの東西にバライと呼ばれる巨大な貯水池を建造し、用水路や堀を整備したのです。この貯水池のおかげで、周囲には豊かな水田が広がり、高い食糧生産力は王朝の力となりました。

ちなみに、ジャヤーヴァルマン7世はヒンドゥー教徒ではなく仏教徒でした。そのため、アンコール・トムには仏教寺院が数多く建てられるとともに、ヒンドゥーの意匠も組み合わせた独特のクメール美術が成立します。

一躍、神秘の都市に変貌

栄華を極めたクメール朝は、たび重なる寺院建設が財政を圧迫し、後継者争いが激化して衰退していきます。14世紀後半には、現在のタイ中部のアユタヤを都とするアユタヤ朝が建国されてクメール朝に侵攻し、アンコール・トムが陥落します。

16世紀以降は西洋の進出を受け、カンボジアは長い暗黒時代を迎えます。アンコールは放棄され、成長の早い熱帯の植物に覆われた密林の中に埋もれ、存在すら忘れられていきました。また、民衆の信仰もヒンドゥー教から仏教、さらには上座部仏教へと移ったため、アンコール・ワットは仏教寺院としてのみ密かに存続されました。

アンコールが再び脚光を浴びたのは、1860年にフランス人博物学者のアンリ・ムオーが訪れ、世界中に紹介したのがきっかけです。西洋人にとって、多数の堂塔や象も通れる石造りの回廊、精巧な浮き彫りなど、密林の遺跡はとても神秘的でした。

しかし、第二次世界大戦後のカンボジアは内戦に突入し、政権を追われたクメール・ルージュがアンコール・ワットを根城に多数の地雷を敷設します。アンコールに誰もが気軽に行けるようになったのは、内戦が終了した1990年代からのことです。

現在のアンコールは地雷の撤去が進み、遺跡の周囲を含む4平方キロメートルが自然公園として保護され、老朽化した建物の修復が進められています。周囲には100以上の村々が点在し、昔ながらの生活を営んでいます。

チュニス

— Tunis —

約3000年の歴史を持つ地中海の十字路

何度も主を変えた都市は数多いが、チュニスは地中海の要衝という立地ゆえ、とりわけ多くの勢力が入り乱れた。

古代のフェニキア人によって築かれた都市国家カルタゴは、さまざまな民族の支配を経て、近代にはフランスの勢力圏に置かれる。

各時代の遺跡と建築物が残る町並みは、アフリカ大陸屈指の国際都市として存在感を放っている。

現在属する国：チュニジア共和国
人口：約69万人（2019年時点）

地中海を制した海洋国家の都

地中海の要衝といえば、ローマをはじめヨーロッパ側の都市が有名ですが、アフリカ大陸側を代表する都市がチュニジアの首都チュニスです。2011年に、北アフリカやアラブ諸国で起こった「アラブの春」と呼ばれる革命運動で最初に独裁政権が打倒された地として、チュニスの名を覚えた人もいるでしょう。

隣接するアルジェリアやモロッコと同じく、チュニジアは内陸にサハラ砂漠が広がっていますが、沿岸部は緑豊かで、年間平均気温は摂氏24℃ほどの温暖な地中海性気候です。

幅約64キロメートルのチュニス湾は天然の良港で、チュニスの市街は湾の奥にあり、堤で海水をせき止めたチュニス湖に面しています。

チュニスの位置

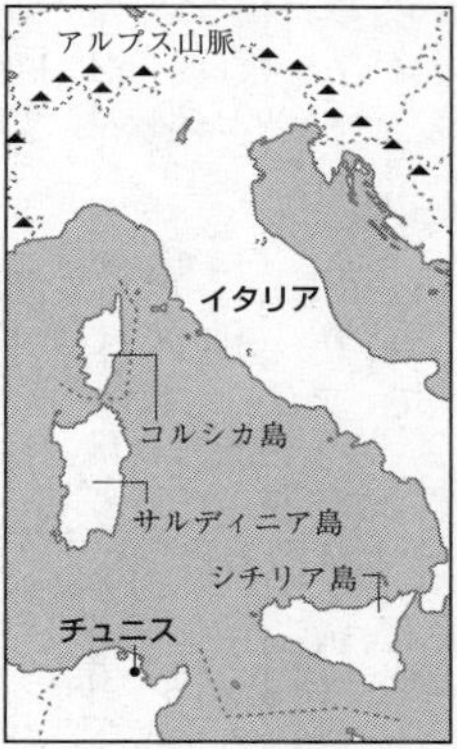

チュニスからシチリア島まで、最短距離でわずか120km程度しかない。

地図を見ると一目瞭然ですが、チュニスとイタリア半島の先端に浮かぶシチリア島は120キロメートルほどしか離れていません。シチリア島の西にあるサルディニア島とも非常に近く、ヨーロッパからは目と鼻の先というべき位置です。

古代のチュニジア一帯には先住民のベルベル人が住んでいましたが、紀元前12世紀ごろから、しだいにフェニキア人が進出してきます。フェニキア人は現在のシリア・レバノン周辺の出身で、早くから地中海に交易網を広げ、ギリシャから北アフリカ沿岸の各地に通商の拠点となる都市国家を形成しました。

伝承によれば、紀元前814年、レバノンのチュロスから来たフェニキア人の王女ディードー（幼名はエリッサ）によって、現在のチュニス北部に都市国家カルト・ハダシュト（「新しい町」の意味）が築かれました。古代ローマで使われたラテン語では、この都市は「カルタゴ」、同地のフェニキア人は「ポエニ」と呼ばれます。

カルタゴは、地中海の東西、南北を結ぶ海洋国家として発展しました。近隣のシチリア島、コルシカ島、サルディニア島をはじめ、地中海の各地に衛星都市を築き、北アフリカ産の果実や、木材、象牙などを輸出したり、イベリア半島で産出された金、銀、銅などの金属を東方へ運んだりして、大きな利益を上げます。カルタゴ市では紀元前5世紀ごろ、碁盤の目状の整然とした町並みが築かれていたといいます。

100年以上続いた抗争

カルタゴのフェニキア人は、同じく地中海の各地に衛星都市を築いていたギリシャ人とたびたび争いました。一方でギリシャ文化を取り入れ、紀元前4世紀に哲学者プラトンがアテネに築いた学園・アカデメイアに留学する者もいました。イタリア半島で成立した共和政のローマ市は、当初はカルタゴと友好的な関係を結びましたが、しだいに地中海の制海権をめぐって衝突するようになります。

紀元前264年、カルタゴとローマの間で第一次ポエニ戦争が起こり、ローマはシチリア島を奪い取りました。紀元前218年には第二次ポエニ戦争が起こり、カルタゴの名将ハンニバルが、イベリア半島を経由してアルプス山脈からローマに侵攻し、イタリア南部のカンネーの戦いでローマ軍を大敗させます。しかし、その隙にローマの将軍スキピオがカルタゴ本国を攻撃して勝利します。ほどなく、カルタゴは勢力を回復しますが、紀元前149年にはじまった「第三次ポエニ戦争」でローマ軍はカルタゴを征服し、市街を徹底的に破壊します。穀倉地帯として開拓されます。ぶどうやオリーブが盛んに栽培され、ローマの属州となり、ローマ式の大規模な共同浴場や円形劇場が建てられました。カルタゴに移民したローマ人も多く、紀元後4〜5世紀にギリシャ哲学の影響を受け、『神の国』などの著作で後世に大きな影響を与えたキリスト教神学者アウグスティヌスは、カルタゴで青年期を過ごしています。

439年、カルタゴはゲルマン系の一派であるヴァンダル族に占領され、以降はたびたびローマ人との戦闘で戦火に見舞われます。6世紀に東ローマ帝国（ビザンツ帝国）がヴァンダル人の王国を滅ぼし、カルタゴ一帯を勢力下に置きました。

中世イスラム圏屈指の国際都市

698年には、イスラム教を奉じるウマイヤ朝が北アフリカを征服します。ウマイヤ朝の支配下では、市街の中心をカルタゴから現在のチュニスに移し、エジプト出身のキリスト教徒を移住させました。このとき築かれた街区が、現在のチュニス市西南部のメディナ（旧市街）と呼ばれる地域です。732年には、チュニスを代表するイスラム建築のザイトゥーナ・モスクが完成しました、そのホールに使われている184本の柱はカルタゴ遺跡から運ばれてきたものです。

これ以降、北アフリカでは、アッバース朝から独立したアグラブ朝や、ファーティマ朝、モロッコのムワッヒド朝などのイスラム王朝が、目まぐるしく入れかわります。その間にもチュニスは地中海貿易の拠点として栄え、アラブ人の商人のほか、ヨーロッパ人の戦争捕虜、東方から来たペルシャ人、ユダヤ人、アフリカ内陸の黒人などが行き交う国際色豊かな都市として発展しました。

11〜12世紀にはチュニジアを支配する有力な王朝がなかったため、チュニスは一時的に、イタリア半島のヴェネツィアやフィレンツェのように、大商人、職人の親方、貿易船の船主などの

現在のチュニスの中心市街地

周囲の近代的な町並みとは異なり、古い町並みが旧市街地であるメディナには残されている。

有力な市民による自治体制を敷きます。しかし、13世紀には、ムワッヒド朝から分かれたハフス朝がチュニジアの支配者となりました。1270年には、フランスから第8回十字軍がチュニスに侵攻しますが、ハフス朝によって退けられ、フランス王のルイ9世はチュニスで病死しました。

14世紀にはチュニスの人口は約3万人に達し、中世イスラム圏を代表する歴史家のイブン・ハルドゥーンが登場します。チュニス生まれのハルドゥーンは、北アフリカからアラビア半島、中央アジアなどを遍歴し、ギリシャやローマも視野に入れた歴史哲学書の『歴史序説』を著し、後世のヨーロッパでも高く評価されました。

ヨーロッパとの深い交流

1574年、チュニジアはオスマン帝国の属州となります。これに前後する時期、イベリア半島からキリスト教徒に追放されたイスラム教徒が大量にチュニスに流入してきました。オスマン帝国時代も地中海の各地と深い交流が続き、チュニスを治める地方長官ラスラム家の邸宅では、イタリア産の大理石でできた柱や、スペイン南部のアンダルシア産のタイルなどが使われていました。

19世紀に入ると、オスマン帝国の領土はしだいにヨーロッパ列強に侵食され、チュニジアは1883年にフランスの保護領とされます。当時、チュニスの人口は約12万人に達していました。このころ市街の東側でチュニス湖に面する一帯は城壁がなく、フランスからの植民者はこの地域に最初に市街地を築き、さらに旧市街を囲む城壁を取り壊して、放射状に街路が広がるパリ風の新市街を建設します。アジアやアフリカで植民地化された都市では、古くからの市街と近代以降にヨーロッパ人によってつくられた新市街で、区画や道路の幅などがはっきり異なる場合が多いですが、チュニスは旧市街と新市街の通りがスムーズに連続しためずらしい構成です。

フランス植民地時代のチュニスでは、1930年代前後にフランスやイタリアの建築家が多く訪れ、アンバナ通りやカルタージュ大通りの集合住宅など、装飾に凝った個性的なアール・デコ様式の建築が数多く築かれました。

チュニジアは1956年にフランスから独立しましたが、依然としてヨーロッパとの関係は密接で、観光地として人気を集めるなど、外国文化に対してオープンな気質は現代の住民にも受け継がれています。

北京

――Beijing――

地方都市から変貌した中華の中心地

世界最大の人口と広大な面積を誇る中国の首都は、かつて皇帝が生活していた故宮（紫禁《しきん》城）を取り囲むように、近代建築とバラックが混在するなか、２度目のオリンピック開催に向けて発展を続けている。

そもそも北京は、いつ、どうして首都となり、どのような歴史をたどってきたのだろうか。

現在属する国：中華人民共和国
人口：約2,000万人（2019年時点）

原人の居住から戦国時代の王都まで

1929年、現在の北京市南西の房山区《ぼうさん》で、化石化した古代人の頭蓋骨が発見されます。この化石は北京原人（シナントロプス・ペキネンシス）と呼ばれ、当時は人類の祖先のひとつと考えられていました。現在では研究が進み、北京原人は人類の祖先であるホモ・サピエンスとは別種のホモ・エレクトゥスとされています。

時代は進み、人類は文明を築き、国家体制が整えられていきます。紀元前1100年ごろの中国大陸では周王朝（西周）が成立し、周王によって諸侯に封じられた君主が、現在の北京市房山地区に「薊《けい》」という国を建てます。薊とは「アザミ」のことで、アザミの花が咲き乱れていたのがその名の由来だとされています。

西周王朝が滅んで東周王朝となり、その東周も衰退すると、諸侯同士が覇権を争う春秋・戦国時代に突入します。薊を含む華北一帯では「燕《えん》」という国が勢力を拡大し、薊を滅ぼすと、その領内に都を移しました。その後、燕は「戦国七雄」に数えられるまでに成長します。

薊に都を置いたのは、平野と山地が接する交通の要衝であるうえ、水源が確保されていたためです。都の大きさは東西８３０メートル、南北６００メートルでした。燕の城が置かれたことから、現在も北京は「薊城」「燕京《えんけい》」「燕城」などと呼ばれます。

紀元前２２２年、戦国七雄の中で最大勢力を誇る秦の嬴政（のちの始皇帝）の命令で燕は攻め滅ぼされました。それからの薊（城）は地方都市となります。

秦の都・咸陽（現在の陝西省西安市）からみれば薊は辺境でしたが、作物の生産力が高いうえ、北方の異民族からの防衛拠点、交易の要衝として栄えました。漢王朝以降は華北地域の中心地となります。

隋王朝２代皇帝・煬帝は、紀元後６１０年に黄河と長江を南北で結ぶ京杭《けいこう》大運河を建設しました。その北の起点となったのが薊城でした。

たくさん存在していた北京

現在の中国の地図を見てもわかるように、首都である北京は中国全体からすると、東北部に寄っています。かつて国境であった万里の長城まで車で1時間ほどですから、経済都市である上海や香港よりも、モンゴルのほうが近いのです。

　中国では都のことを「京」といいます。そして北京は文字どおり、「北の都」を意味します。唐王朝までは黄河の中流域（中原）が歴代王朝の中心地であり、長安や洛陽が都とされていました。

　さらに都を中心に、それに準じる都として東西南北に東京、西京、南京、北京と呼ぶ主要都市を定めます。そのため、唐王朝では現在の山西省太原市《たいげん》が「北京太原府」、北宋王朝では現在の河北省邯鄲市《かんたん》が「北京大名府」と呼ばれていました。

異民族のもとで改称をくり返す

　代々、地方都市にすぎなかった薊城を都としたのは、じつは北方からたびたび侵入してきた異民族でした。10世紀になると、北方で勢力を広げた契丹族《きったん》が遼《りょう》を建国します。このころの北京は「燕京」と名前を変えており、その周辺地域（燕雲《えんうん》十六州）は、遼の支配下にありました。

　そんななか、中国大陸を統一した漢民族を中心とした国である宋（北宋）は、燕雲十六州を取り返そうと兵を挙げますが失敗します。反対に遼が南下してきたため、遼が宋を兄として立てる代わりに、宋が遼に毎年、莫大な貢物を贈る和平条約（澶淵《せんえん》の盟）を結びます。

このとき、燕京は遼の南の都とされ、「南京《なんけい》」と改称されました。「南」とつくのは、遼の支配域からすると南に位置したためです。

その後、遼が弱体化すると満州の女真族が反乱を起こし、1115年に金を建国します。金は北宋と共闘し遼を滅ぼしますが、北宋が協定を破ったため、1126年、北宋の都・汴京《べんけい》（現在の河南省開封市）を占領し、皇族などを連れ去ります（靖康《せいこう》の変）。難をまぬがれた北宋の皇族や遺民たちは、南に逃れて宋（南宋）を再建します。

一方、中国大陸の北半分を支配した金は、南京に遷都して「中都《ちゅうと》（燕京）」と改称しました。ところが、その中都も1215年にモンゴル帝国軍の侵攻を受けて陥落し、1234年に金が滅亡します。続いて1279年、モンゴル帝国5代皇帝クビライの命令により攻め寄せた軍に南宋も滅ぼされます。

中国大陸を統一したクビライは元の初代皇帝となると、1267年に元の都を中都に移します。新たな都の名は「大都《だいと》」です。

異民族が築いた北京の原形

多くのモンゴル人にとって、大都（北京）は、初めて見る大都市だったといえます。遊牧と狩猟を生業として移動しながら暮らしていた遊牧民には、都市に定住するという概念はありませんでした。最初は占領した都市を破壊しようとさえしたのです。しかし、遼の旧皇族に連なりクビライの重臣となった耶律楚材《やりつそざい》が、産業の重要性を説き、税収を上げたことから、大都市の必要性を知ったといわれています。

モンゴル高原、満州、中国大陸と広大な地域を支配することになった元にとって、モンゴルと中国の中間地点といえる大都（北京）は都合のよい場所でした。歴代の元皇帝は、夏は涼しいモンゴルの上都《じょうと》、冬は上都より温暖な大都で過ごしました。大都は文化的に進んでいた歴代中国王朝の建築方式を取り入れ、外周約28キロメートルの城壁で囲まれた巨大都市へと変貌を遂げます。

左右対称で碁盤の目のように区切った区画割りや、天の中心とされていた北極星に見立てた玉座などは、長安などの歴代王朝の都と同じく、儒教の経典『周礼』をもとにしています。また、積水潭《せきすいたん》と呼ばれる運河を開いて城内に水を引き入れ、飲用と水運に利用できるようにしました。

城内には、漢民族などのための仏教・道教の寺院のほか、キリスト教の教会やイスラム教徒向けのモスクも建てられました。重商主義によって、イスラムやヨーロッパの商人も訪れたからです。

北京への遷都と紫禁城の建設

14世紀に入ると、北京を国際都市へと変えた元では、地方で反乱が相次ぎます。そして1351年、紅巾《こうきん》の乱で頭角を現した朱元璋が長江以南を制圧し、応天府（現在の江蘇省南京市）を都として明を建国します。朱元璋は皇帝（洪武帝）に即位し、北伐を開始すると、元は大都を放棄してモンゴル高原へ逃れました。

明はそれまでの圧政の反動から、元の支配の象徴である大都の宮殿を徹底的に破壊しました。ただし、北の異民族の脅威は残ったため、北側の壁を一部縮小して、城壁を正方形から横長の長方形に改修します。このとき、北西の角にあった川を避けて、新たな城壁を斜めに築いたことから、その後も北西の角は斜めになりました。

華北一帯を治める燕王として封じられた洪武帝の四男・朱棣《しゅてい》は、大都から名を改めた「北平《ペーピン》」を本拠地とし、北方の異民族の侵入をはばみます。

ところが、洪武帝の死後に即位した2代皇帝の建文帝《けんぶんてい》が皇族の粛清をはじめたため、朱棣は兵を挙げます。朱棣の軍は皇帝軍を破り、南京を制圧して建文帝を廃位させます（靖難《せいなん》の変）。このクーデターによって、朱棣は永楽帝として明の3代皇帝に即位し、都を南京から自身の本拠地である北平に移しました。

永楽帝は積極的に外征を行い、モンゴルやチベットなどに進出し、明の最大版図を築きます。同時に北平を「北京《ペキン》」と改称し、紫禁城を築きました。ここに初めて、漢民族による統一王朝の都としての北京が誕生したのです。

内城を全部囲う予定だった外城

現在の北京市の中心部は、永楽帝の時代に完成されたといえます。内城の中心にあるのが皇帝の暮らす紫禁城で、その周囲を皇城と呼ばれる皇族の住居が取り囲むように配置されました。北側に玉座を置き、皇帝は南を向いて政務を執り、その北側には景山《けいざん》という小高い丘を築いて、皇帝の背後を護らせるといった配置は、風水をもとにしています。

城壁は土塁から煉瓦造りとなり、1436年の改修で四隅や9つの門に楼閣が設けられています。有名な天安門は、皇城の入り口にあり、当時は承天門《しょうてんもん》という名で、法令が公布される場所でした。

また、北京が都として発展していくにしたがい人口が急増し、内城からあふれた市民が城外に大挙して住居を構えるようになりました。そこで永楽帝は、1553年から11年を費やして、城外を囲い込む外城をつくったのです。

内城の南側につくられた外城により、北京の中心部は横長に四角い外城の上に、同じく横長に四角い内城を載せたような「凸」形となっています。じつは、当初の計画では、内城の周囲をすべて外城で囲む「回」形にする予定でした。完成すれば、紫禁城を皇城、内城、外城と順番に取り囲む堅固な城砦となったはずですが、予算の都合で南側だけの工事となってしまったのです。

政治的中心の内城と、経済、文化の中心である外城という二段構えの都市構造によ

北京の構造

中央公論新社『北京—皇都の歴史と空間』p13の図を参考に作成

明や清の皇帝は天帝を祀るための天壇を築き、祭祀を行っていた。

り、北京は大いににぎわいます。内城では諸外国の使節が皇帝に謁見し、外城には妓館《ぎかん》や料亭、旅館、寺院などが立ち並び、多くの観光客が訪れました。

17世紀に入ると、明に支配されていた満州の女真族が独立し、「後金《こうきん》」を建てます。弱体化した明は、農民反乱（李自成《りじせい》の乱）によって滅亡しましたが、後金が李自成を倒して北京に入城し、1

636年に国名を清と改めました。

清は、中国、モンゴル、ウイグル、チベット、朝鮮半島を支配する大帝国となり、300年近い長期王朝となります。清は漢民族を円滑に統治するために北京を都としたまま、都市構造を活用し、皇帝は紫禁城で暮らしました。

しかし、19世紀に入るとアジアの植民地化を進める西洋列強が中国大陸に進出し、アヘン戦争が勃発します。さらに、1895年の日清戦争で日本に敗れると、清は衰退します。3歳で皇位に就いていた12代皇帝・宣統帝（溥儀《ふぎ》）は、国内の乱れに対応できず、1911年に起こった辛亥《しんがい》革命により、清王朝は滅びました。

王朝の首都から人民共和国の首都へ

革命により建国された中華民国は、初め南京を首都とします。ところが、日本軍の占領を受けた第二次世界大戦後、蔣介石率いる国民党と、毛沢東率いる共産党が内戦をくり広げます。この結果、共産党が勝利し、1949年に中華人民共和国が樹立され、北京が首都に返り咲きました。北京を首都と定めたのは、国民党が首都とした南京への対抗、そして一説には、同じように社会主義を掲げるソビエト連邦やモンゴル人民共和国に近かったためともいわれています。

中華人民共和国の成立後は、かつての城壁の大部分が取り壊されて道路になったほか、内城の城壁の下を周回するように地下鉄2号線が敷設されました。紫禁城は「故宮博物院」になり、天安門前の建物は取り壊され、南北880メートル、東西500メートルの「天安門広場」がつくられます。広場の西側は全国人民代表大会が開かれる「人民大会堂」、東には「中国国家博物館」が置かれました。

その後、北京市の領域は拡大され、かつての都城を中心に、約1万7000平方キロメートル（四国とほぼ同じ）もの面積を誇る特別直轄市となります。北西の海淀区《かいでん》には、中国最高峰の教育機関である北京大学や清華《せいか》大学が置かれ、胡錦濤《こきんとう》や習近平ら政府の要人を多数輩出しています。

2008年の北京オリンピック（夏季）開催を経て近代化が進み、高層ビル群が並ぶ大都市に変貌しました。2022年の北京オリンピック（冬季）開催に備え、北東にあった中国最大の北京首都国際空港に代えて、南の大興区に北京大興国際空港が新設されました。北京は現在でも政治や学問、観光などの面で、中国の中心なのです。

マラッカ

世界遺産と生活が混在する古き港市

— Melaka —

マレー半島の大部分を支配していたマラッカ王国の王都であり、マラッカ海峡を臨み、東西貿易の中継基地として港湾都市マラッカは栄えた。

次々と支配者が変わり、首都機能を失った現在は、東西文化の混在した歴史的な町並みを世界遺産とし、観光都市としてにぎわいをみせる。

現在属する国：マレーシア
人口：約18万人（2019年時点）

マラッカの位置

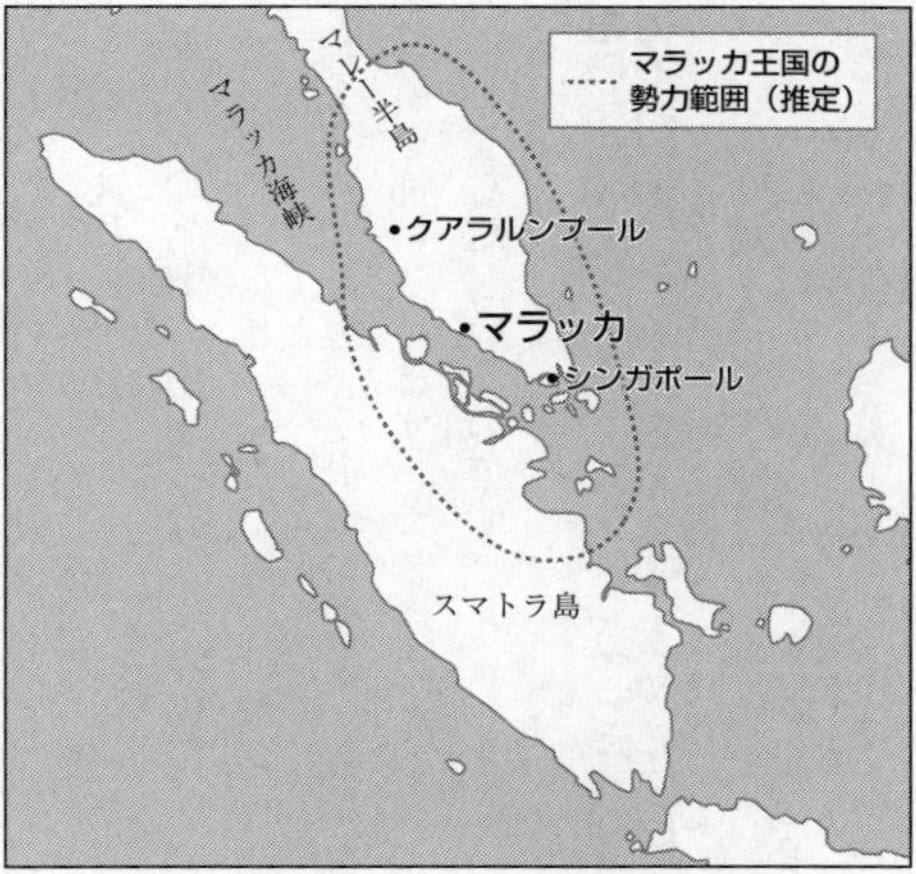

マラッカ海峡を通過する船にとって重要な寄港地だった。

ムラカツリーに由来する都

マレーシアの首都クアラルンプールと、南のシンガポール共和国のちょうど中間にマラッカ市があります。広さは約300平方キロメートルで、名古屋市と同じくらいです。マラッカは英語の呼び方で、マレー語ではムラカのほうが近い発音になります。

かつてスマトラ島とマレー半島一帯を支配していたシュリーヴィジャヤ王国は、14世紀末にジャワ島から勢力を広げてきたマジャパヒト王国によってスマトラ島を追われます。そこで、王朝最後の王子パラメスワラが、マレー半島に逃れて現在のマラッカにたどり着き、マラッカ王国を建てました。

マラッカの名前の由来にはこんな伝説があります。ある日、王子が狩猟に出かけ木の下で休んでいると、猟犬に追われた鹿が逃げてきます。すると、追い詰められた鹿が、猟犬を川に蹴り落としたのです。臆病な鹿が猟犬に立ち向かう姿を見て、王子はこの場所を都に決めます。マラッカとは、このとき王子が休んでいた木、ムラカツリーの名にちなんだというのです。

世界中からねらわれた海の要衝

マラッカ海峡は太平洋とインド洋を結ぶ交通の要衝です。現在でも世界で最も船の往来の多い海域として知られています。

14世紀末には、スマトラ島とマレー半島を結ぶ海路のみでしたが、1405年に中国王朝である明の永楽帝の命を受けた宦官の鄭和《ていわ》がマラッカを訪れたことで大きく変わります。鄭和の大船団に圧倒されたマラッカは明と朝貢関係を結び、明の支配体制に組み込まれました。マラッカの香料や香木が明の高価な絹や陶磁器に換わり、莫大な利益をもたらします。さらに、鄭和が中東やアフリカにまで航路を広げたことで、インドや中東からも船がくるようになりました。

交易で得られる利益ばかりではありません。当時の船は帆船なので、風に乗って進みます。しかし、東南アジアのモンスーンは、春と秋に風向きが変わるため、風の吹かない間はマラッカで風を待つしかありません。この停泊期間の入港税、保管料や関税収入、乗員の滞在費や物資の補給代金なども大きな収入源でした。

ところが、マラッカ王国の繁栄は100年ほどしか続きませんでした。1511年、ポルトガルの艦隊がやってくると、王はマラッカを放棄して南のジョホールに遷都して、ジョホール王国を建国します。占領されたマラッカでは沿岸にサンチャゴ砦が築かれ、城砦の周囲はポルトガル人居留地となりました。マラッカ川の対岸に現地住民が住み、柵で囲まれた市街の外側が中国人の居住区と区分けされたのです。ポルトガルはマラッカを拠点に、アジア各地に進出しました。日本に鉄砲を伝え、フランシスコ・ザビエルがキリスト教の布教を行ったのも拠点はマラッカでした。

そんなポルトガル領マラッカも100年ほどで終わり、1641年にはオランダに占領され、1824年にはイギリスに支配されます。ただし、イギリスはシンガポールを拠点としたため、マラッカの重要性は薄れました。1942年には日本に占領されます。マラッカは、じつに400年以上の間、植民地だったのです。

異文化交流が進む

第二次世界大戦が終結すると、イギリスの保護のもとでマラヤ連邦が成立します。初代首相のトゥンク・アブドゥル・ラーマンが独立宣言をしたのがマラッカでした。マラヤ連邦はその後マレーシアとなり、首都はクアラルンプールに置かれ、マラッカは地方の一都市となりました。

東西交易と長い植民地支配の歴史が残る古都マラッカの町並みは、ほかでは見られない独特の景観です。マラッカ川の東側には、ポルトガルが築いたサンチャゴ砦が残るほか、ポルトガル洋式の建物が見られます。一方でオランダ広場にはオランダ建築の赤い建物が並び、風車の周囲は花で彩られています。

対岸の旧市街はチャイナタウンとなっており、ジョンカーストリートには夜店が並

現在のマラッカの中心市街

埋め立てが進む以前は、サンチャゴ砦は海岸沿いだった。

び、中国風の仏教寺院も立っています。また、マラッカ王国時代に王がイスラム教に改宗したことからイスラム教のモスクも点在しています。

２００８年には「マラッカとジョージタウン、マラッカ海峡の古都群」として世界文化遺産にも登録されました。

現在のマラッカ市民の民族割合は、マレー系６割、中華系３割と、マレーシアの国民比率とほぼ同じです。そして、残る１割はインド系やイスラム系の子孫、プラナカンと呼ばれる明との朝貢時代に生まれた混血児の末裔、ポルトガル人の子孫などさまざまです。

マラッカは、こうした混血文化が生み出した国際色豊かな都市といえます。

モスクワ

—— Moscow ——

大森林に築かれた「第三のローマ」

ロシアは時として、単一の国ではなく、ひとつの大陸ともとらえられる。その首都モスクワは16世紀以来、東方正教文化圏の中心地を自認してきた。

18世紀には首都の座を譲るが、20世紀の革命後は「世界の社会主義の中心地」という新たな地位を得る。ヨーロッパの辺境と見なされがちだが、国際色豊かな歴史を持つ都市である。

現在属する国:ロシア連邦
人口:約1,250万人(2019年時点)

12世紀に初めて歴史書に登場

ヨーロッパ各国の首都とくらべ、モスクワの成立は遅いといえます。中世のロシアの歴史を伝える年代記で、「モスクワ」という地名が初めて出てくるのは1147年のことです。そのころ西欧と中東は十字軍遠征の時代、日本は平安時代の末期でした。

ロシアの歴史は、ノルマン人の到来からはじまります。伝承によれば、862年に現在のモスクワより西北のバルト海に面する一帯で、北欧から流入してきたノルマン人の族長リューリクが、「ノヴゴロド公国」を建国したといわれています。

リューリクの一族が治めた地域の民は「ルーシ」と呼ばれ、これが「ロシア」という国名の起源になったとされています。やがてリューリクの一族は南方にも勢力を広げ、現在のウクライナに遷都してキエフ公国となり、しだいに土着の民族であったスラブ人と同化しました。10世紀末には、キエフ公国がキリスト教を国教と定めたことで、東ローマ帝国（ビザンツ帝国）の文化がルーシに広まります。

このころのモスクワは、まだ大森林が広がる未開の地でした。モスクワという地名は、付近を流れるモスクワ川に由来します。モスクワ川はヴォルガ川の支流であるオカ川のさらに支流で、ロシアから北欧で使われるフィン・ウゴル語系統の古い言語で「熊の川」、あるいは「暗い、濁った川」を意味したといわれますが、定かではありません。気候区分は亜寒帯で、北海道の稚内より1000キロメートル以上も北方に位置し、年間平均気温は摂氏5~6℃、例年10月から4月まで降雪があります。

1156年、近隣のスーズダリ公国を治めるユーリー・ドルゴルーキーが、モスクワ川の三角州を柵と濠《ごう》で囲い、町の原形を築きました。その広さは1ヘクタール（サッカーグラウンドの約1・5倍）に満たなかったといいます。これが、モスクワにおける「クレムリン」の起源です。クレムリンとはロシア語で「城砦」を意味する一般用語のため、各地の城砦都市もクレムリンと呼ばれていました。

辺境国から一大勢力に

13世紀に入ると、現在のロシア西部に東方からモンゴル軍が侵攻します。モンゴル人が中央アジアのトルコ系民族を従えて打ち立てたキプチャク・ハン国にキエフ公国は征服されました。ロシアではかつて、モンゴル系やトルコ系の異民族をタタール人と総称したので、キプチャク・ハン国の支配は「タタールのくびき」と呼ばれます。ノヴゴロド公国を治めるアレクサンドル・ネフスキーは、キプチャク・ハン国のもとでルーシ人の自治を維持しつつ、スウェーデンやドイツ騎士団の侵攻を退けました。ネフスキーの子ダニールは、1276年ごろに辺境の町だったモスクワに拠点を置き、この6年後に「モスクワ公国」を成立させます。

当時のロシア西部にあった小国の中でモスクワ公国は後発の勢力でしたが、平原の中央に位置し、ヴォルガ水系の河川を利用した物流の便に恵まれていました。モスクワ公国はキプチャク・ハン国に追従しつつ、近隣のトヴェーリやリトアニアの諸侯と争って勢力を広げます。

ダニールの孫のイヴァン1世は、1328年に近隣の諸侯より格上の大公の地位に就き、ルーシの統一を進めました。

13〜14世紀のモスクワでは、柵で囲われた西端の一角に公の館や修道院、キプチャク・ハン国の要人が使う建物が置かれ、その東側には市場や市民の住居が広がっていました。イヴァン1世の曾孫のドミトリー・ドンスコイの治世には、木製の柵に代わって、白い石灰岩を用いた美しい城壁が建設されます。

タタールのくびきのもとでルーシ人の精神的なよりどころだったのが、キリスト教です。当時モスクワにおける高位聖職者の人事権は、東ローマ帝国のコンスタンティノープル総主教座が握っていました。しかし、15世紀にその東ローマ帝国がオスマン帝国の侵攻により衰退すると、総主教座の意向によらず、モスクワで独自に主教を選任するようになり、ロシア正教会の独立が進みます。

東方正教文化圏の中心地を称する

東ローマ帝国は1453年に滅亡し、その9年後にイヴァン3世がモスクワ大公に即位しました。イヴァン3世は、最後の東ローマ皇帝コンスタンティノス11世の姪にあたるゾイを妻に迎え、東ローマ皇帝の後継者を自認します。このため、イヴァン3世とその臣下はモスクワを、古代ローマ、東ローマ帝国のコンスタンティノープル（第二のローマ）に続く、「第三のローマ」と称しました。

ロシアの教会建築はたまねぎ形のドームを持つものが多いですが、これは東ローマ帝国のビザンティン様式を受け継いだものです。古代ローマ文化の復興を意識したイヴァン3世は、イタリアのボローニャから高名な建築家のフィオラヴァンティを招き、ウスペンスキー大聖堂などを造営させました。これはビザンティン様式の影響を受けたロシア建築と、西欧のルネサンス様式が融合した建築といえます。

さらにイヴァン3世は火災が広がるのを防ぐため、クレムリンの北東の城壁外での建築を禁じました。この一帯は古くから市場が開かれ、17世紀には「赤の広場」という通称が定着します。この名は、赤煉瓦を使っていたからではなく、ロシアの古語で「赤い」という言葉が「美しい」を意味していたことに由来します。

イヴァン3世はその治世において、ノヴゴロド公国など近隣の諸国を次々と併合して、1480年にキプチャク・ハン国の支配を脱し、東方のウラル山脈一帯から北極海の沿岸にまで領土を広げました。

1533年に3歳で即位したイヴァン4世（通称「雷帝」）は、17歳になると親政をはじめ、王位の称号を「ツァー（czar）」としました。古代ローマの帝政の礎を築いたカエサル（Caesar）の名に由来します。そしてこのころから、18世紀にロシア帝国という国号が定められるまでのモスクワ大公国はモスクワ帝国、またはロシア・ツァー国と呼ばれるようになり、ノヴゴロドやモスクワから東方へと広がる一帯をロシアと呼ぶことが定着していきました。

イヴァン4世は、モンゴル系のカザン・ハン国（キプチャク・ハン国の後継国）に勝利した記念として、クレムリン城外の南東にワシリー大聖堂（正式名はポクロフスキー教会）を建設させました。高さも形も異なる9つの円筒形の礼拝堂を組み合わせたカラフルな建物です。

1589年には、コンスタンティノープル総主教座から完全に独立した「モスクワ総主教座」が新設され、ロシア正教会は東方正教文化圏で最大の教会組織としての地位を確立します。

ふたつの都を有していた帝国

17世紀初頭、モスクワ帝国は動乱時代と呼ばれる内紛に陥りますが、1613年に大貴族の会議で支持された、リューリク一族の縁戚にあたるミハイル・ロマノフがツァーに即位し、ロマノフ朝が成立します。

ロシアではしだいに商業が発達し、西欧から移住する商人も増え、モスクワ郊外にはドイツ人村も築かれました。もっとも、ドイツからの訪問者の記録によれば、市街地でも道路は舗装されておらず、家屋は木造なので火災による被害が多く、庶民の住宅は農地と隣接し、都市というより大きな村のような状態でした。当時のモスクワでは貴族も市民も大いに酒を飲み、ニンニクを使った料理を好んだといいます。

1703年、ロマノフ朝の第5代ツァーであるピョートル1世（ピョートル大帝）は、新首都サンクトペテルブルクに遷都します。ピョートルは1721年にツァーの称号とともに「インペラトル（皇帝）」を名乗り、国号をロシア帝国としました。

主要な官庁や王宮はサンクトペテルブルクに移転しましたが、モスクワはサンクトペテルブルクとともに「両首都」と呼ばれ、皇帝の戴冠式はモスクワで行われました。西欧風のサンクトペテルブルクに対し、モスクワはロシア古来の雰囲気を強く残しました。18世紀半ば以降には、ロシア最初の大学となるモスクワ大学や、ロシア最大の劇場である「ボリショイ劇場」が建てられ、文化的にも発展します。なお、作曲家のチャイコフスキーはサンクトペテルブルク音楽院を卒業後、モスクワを拠点に活動しています。

19世紀に入ると、1812年にはフランス皇帝ナポレオン率いるフランス軍が侵攻してきました（ロシア遠征）。対して、ロシア側はモスクワ市街を焼き払い、将軍クトゥーゾフの率いる軍勢は内陸部に撤退します。やがて「冬将軍」ともいわれる厳しい冬が訪れると、フランス軍は酷寒と食料不足に直面して撤退しました。

この戦いにより、約27万人にもおよんでいたモスクワの人口は1万人ほどにまで減りました。しかし、ほどなく復興を果たし、1851年にはサンクトペテルブルクとの間に鉄道が開通します。さらに、1861年の農奴解放令で自由な身分となった農民が大量に流入し、19世紀末に人口は100万人にまで増えました。

世界各地の社会主義国から人が集まる

第一次世界大戦中の1917年、戦争の長期化で国民の多くは困窮し、二月革命が勃発してロマノフ朝は崩壊します。続いて十月革命で共産党が実権を握り、西欧諸国による軍事侵攻が懸念されたため、翌年にはサンクトペテルブルクから再び内陸のモスクワへと首都が移されました。

現在のモスクワの中心市街

クレムリンを中心として円心状に市街が拡張されていった。

共産党政権は、１９２２年にソビエト連邦（ソ連）を成立させましたが、共産党の初代指導者であったレーニンはこの２年後に没し、遺体は赤の広場に築かれた廟《びょう》に安置されました。

ソ連政府は新国家建設の一環としてモスクワの近代化を進め、教会を前時代の象徴と見なして破壊する一方、労働者向けの住宅を大量に建設し、冬期には各戸に温水を供給するシステムを整備しました。

１９３５年には地下鉄が開業しました。地下鉄の構内は、革命と都市開発の成果を多くの市民に誇示するかのように豪華な装飾で彩られています。

同時期には、高さ４００メートル以上もの壮大な「ソビエト宮殿」の建設にも着手しましたが、第二次世界大戦が勃発したため計画は撤回されました。

1941年、ドイツ軍が独ソ不可侵条約を破ってソ連領内に侵攻し、モスクワの北西40キロメートルにまで迫ります。政府首脳と市民の疎開が検討されましたが、ロシア東部から援軍が到着し、厳冬の到来もあってドイツ軍はモスクワ攻略を断念します。

第二次世界大戦後、戦勝国となったソ連は、新たに成立した社会主義国のリーダー的立場になります。ソ連はアメリカや日本など自由主義圏の国家には閉鎖的でしたが、モスクワは、ベトナムやモンゴル、キューバ、ソマリアなど、世界各地の社会主義国から革命運動の指導者や留学生が訪れる国際的な都市となりました。

共産党政権下での都市開発

戦後のモスクワでは、1953年に高さ240メートルのモスクワ大学本館をはじめ、社会主義国の威厳を示すモニュメント的な超高層建築が次々と建設されます。その多くは上部に尖塔を持ち、当時の共産党書記長の名を冠してスターリン様式とも呼ばれます。

一方、市民の多くはエレベーターのない安価な高層住宅に住み、電気やガスは低価格ながら、慢性的に食料や日用品が不十分な生活を送りました。

市民の日常の交通手段としては地下鉄とバスが普及しました。一方でモスクワは内陸の奥深くに位置するため、ロシア各地や諸外国との交通手段として航空網が発達し、市の近郊には4つの空港がつくられます。

1980年にはソ連初となるオリンピックがモスクワで開催されましたが、前年のアフガニスタン侵攻が国際的な非難を呼び、多くの国々がボイコットする異例の事態を迎えます。このころには経済の停滞が深刻化し、1991年には共産党が解散して、ソ連はロシア共和国をはじめ、15の独立国に分かれました。

モスクワにはレーニンをはじめ、社会主義時代の党幹部の名を冠した通りや銅像、記念碑がたくさんありましたが、ソ連の崩壊とともにピョートル1世や作家のドストエフスキーなど、帝政時代の人物に置きかえられました。

現在のモスクワはアメリカや西欧にも開かれた都市となり、多くの新たな商業施設が生まれています。市民の約80%はロシア人で、このほかにウクライナ人やユダヤ人、ロシア連邦内外のアジア系の諸民族も数多く暮らしています。

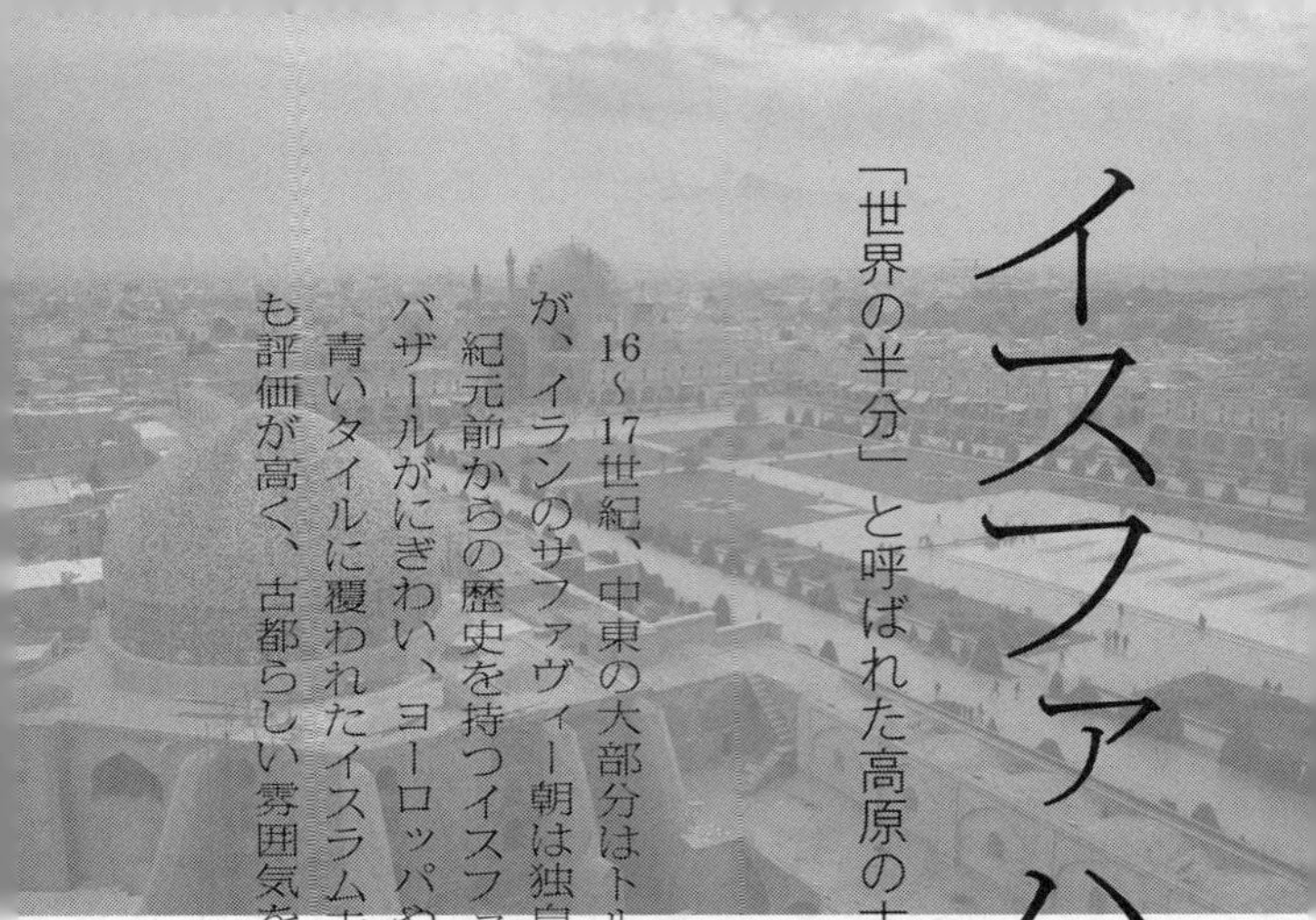

イスファハーン

— Isfahan —

「世界の半分」と呼ばれた高原の古都

16〜17世紀、中東の大部分はトルコ系のオスマン帝国が支配したが、イランのサファヴィー朝は独自のペルシャ文化を守り続けた。

紀元前からの歴史を持つイスファハーンは、広大な広場を中心にバザールがにぎわい、ヨーロッパやインドから多くの人を集める。

青いタイルに覆われたイスラム寺院や神学校の美しさは、現代でも評価が高く、古都らしい雰囲気をたたえている。

現在属する国：イラン・イスラム共和国
人口：約155万人（2019年時点）

水と緑の豊かな都

数ある中東の都市の中でも、イランのイスファハーンは知る人ぞ知る街です。イスファハーンは、16〜17世紀のサファヴィー朝ペルシャ帝国の時代には、ユーラシア大陸東西の人々や商品が大量に流入し、「世界の半分（世界の富の半分がある）」とまでうたわれた都市でした。

7世紀にイスラム教が成立する以前、西アジアの大部分はペルシャのササン朝が支配していました。中東の民の中でも、イランに住むペルシャ人はアラビア半島のアラブ人とは言語も大きく異なり、現在に至るまでイスラム教以前に普及していたゾロアスター教の暦や年間行事を踏襲するなど、独自の文化を持っています。

15世紀のイランでは、イスラム教のシーア派と神秘主義思想が結びついたサファヴィー教団が成立します。教団の指導者イスマーイール1世は、1501年にサファヴィー朝を興しました。これ以来、中東の大部分の国ではイスラム教で主流のスンナ派を信仰するなか、イランはシーア派が政権を担い続けています。

ところが、たびたび西方のオスマン帝国におびやかされ、サファヴィー朝は西北のタブリーズ、次いでガズヴィーンに遷都しました。そんななか、5代皇帝のアッバース1世は、水と緑の豊かな土地に新たな都を築くという理想を抱き、1579年に東方のイスファハーンに遷都します。

標高1600メートルの高原地帯に位置するイスファハーンは、イランの河川の中でも水量が豊富なザーヤンデ・ルード川に面し、緑が豊かな土地でした。紀元前6世紀のアケネメス朝の時代に都市の基礎が築かれ、7世紀中ごろにはイスラーム教団の勢力圏となります。10世紀にはブワイフ朝と11世紀にはセルジューク朝でも都とされ、モスクや市場が築かれて交易都市として栄えました。しかし、1228年に東方から侵攻してきたモンゴル帝国軍によって徹底的に破壊されます。

商人だけでなく市民も出店した市場

アッバース1世は古くからの旧市街の南部に新市街を建設します。旧市街と新市街が接する場所に築かれた縦500メートル、横160メートルの「王の広場」（現在

現在のイスファハーンの中心市街

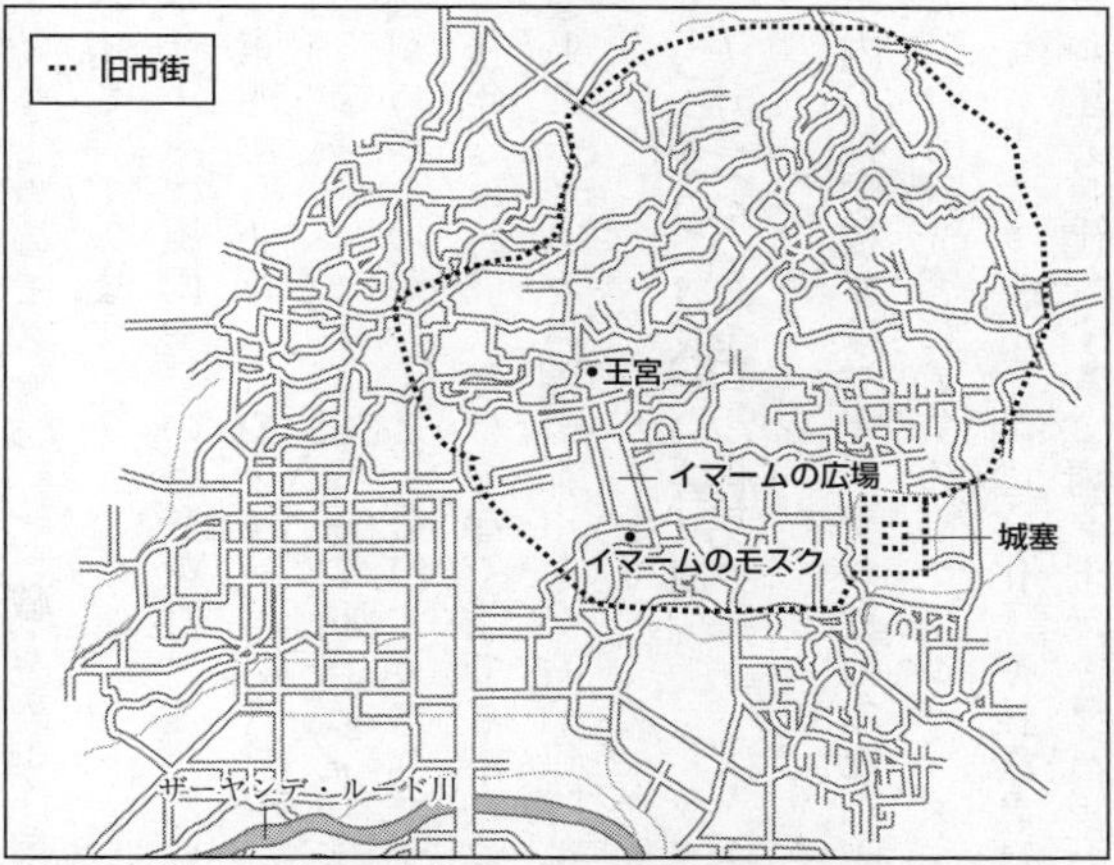

中央公論社『世界の歴史 15　成熟のイスラーム社会』p260－261の図を参考に作成
計画的につくられた新市街にくらべ、旧市街の街路は直線が少ない。

は「イマーム〈イスラム教の導師〉の広場』は、噴水を備えた大きな池が広がり、外国の来賓から贈られためずらしい宝物や、戦争での戦利品が展示されたり、王家による式典の会場となったりしました。

王の広場を中心にモスク（イスラム寺院）、バザール（市場）、神学校などが建てられ、多くの建築物は、表面に光沢のある釉薬をかけて幾何学模様を描いた彩釉タイルがふんだんに使われました。とりわけ、直径28メートルものドームを備えた「王のモスク」（現在は「イマームのモスク」）は、職人が手作業で模様を描いた彩画タイルが100万枚も使用されています。

バザールは風雨や夏の暑さを避けるため屋根（アーケード）のある通路や歩道が多く、東西からインド人やアルメニア人などの商人が来訪し、絨毯、毛皮、古着、宝石細工、馬具といった商材ごとに街区が形成されました、とくに市民の憩いの場として人気があったのがコーヒーを出すカフェです。近隣の農家で栽培された生鮮品も売られ、後年には行商人だけでなく誰でも市に参加可能となり、家の不用品を売る市民もいました。イスラム圏の都市ながら酒場もあったといわれています。

今も残る古都の景観

市内の神学校では、イスラム教のみならずギリシャの哲学や自然科学も研究されました。今も観光客に人気の高いアッバース・ホテルは、神学校の寄宿舎を転用したものです。サファヴィー朝の文化人や技術者はインドのムガル帝国にも盛んに招かれ、ムガル建築を代表する霊廟タージ・マハルの建設にも参加しています。

イスファハーンの住人の人種や民族、文化的な背景は多様であり、新市街の南西では、アッバース1世によって西方から移住させられたキリスト教徒のアルメニア人や、イスラム教の普及後は少数派となったゾロアスター教徒も在住していました。

サファヴィー朝の名産品だったペルシャ絨毯は、ヨーロッパでも人気を集めました。17世紀にイスファハーンを訪れたフランス商人のジャン・シャルダンの『ペルシャ紀行』によれば、当時の人口は約100万人で、隊商宿が1800カ所、モスクが160カ所、神学校が48カ所、公衆浴場が237カ所あったといいます。

18世紀に入ると、現在のアフガニスタンから侵攻してきた遊牧民によってイスファハーンは破壊されました。やがてイランではトルコ系のガージャール朝が成立して、政治と経済の中心地は北部のテヘランに移り、イスファハーンでは一時は疫病の流行のため人口が10万人未満にまで減少してしまいます。

しかし、古都の雰囲気が残るイスファハーンは、1960年代ごろから観光地として海外からも注目を集めます。1979年には「王の広場」が世界文化遺産に登録されました。その後、イラン革命による王政の打倒を契機として、「イマームの広場」と改名されています。

ヴェネツィア

── Venice ──

貿易で地中海を席巻した「水の都」

ヴェネツィア、英語ではベニスと呼ばれるこの都市は、イタリアを代表する観光都市である。

かつてのヴェネツィアは貿易によって発展し、ついには当時の大都市コンスタンティノープルをも占領、一帯を支配する都市国家へとのぼりつめた。限られた土地しか持たない都市が、どうやって地中海の覇権を手にしたのだろうか。

現在属する国：イタリア共和国
人口：約5万1,000人（2019年時点）

木の杭の上に立つ家々

石造りの町並みの間に張りめぐらされた無数の運河。

ヴェネツィアの位置

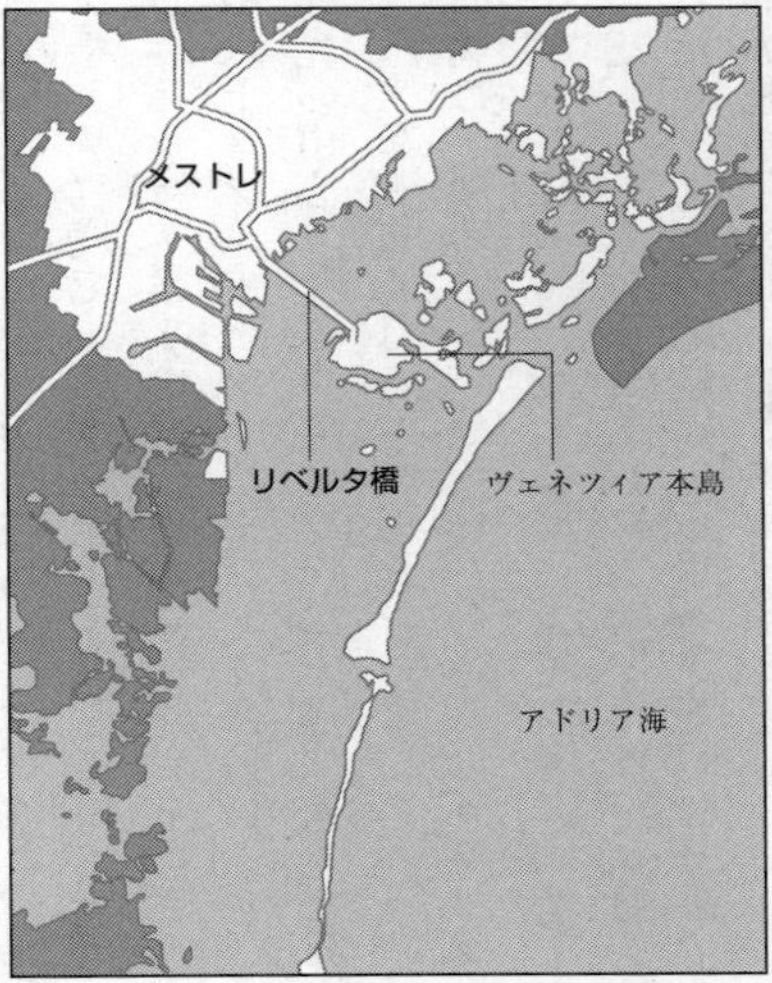

ヴェネツィア市は陸地と島嶼部とがあり、橋でつながっている。

そこには黒いゴンドラが浮かび、縞《しま》模様の服を着たゴンドリエーレがカンツォーネを歌いながら、1本の櫂《かい》で巧みに操船している。これが「水の都」ヴェネツィアのイメージでしょう。

ヴェネツィアは、イタリア半島の北東部のつけ根、アドリア海の海岸のラグーナに築かれました。ラグーナとは潟のことで、川から運ばれた土砂が河口付近で波に押しもどされ、堆積して形成される地形です。海抜は数メートル程度で、高潮が発生すると市街は冠水します（アクア・アルタという）。

ヴェネツィアは118の島からなり、それぞれが橋でつながっていて、人は水上バスや水上タクシー、フェリーなどで移動します。

観光の中心となるヴェネツィア本島は南北に4キロメートル、東西に2キロメートルと、さほど広くはありません。

建物は、やわらかい地盤に打ち込んだカラマツやオークなどの堅い木杭の上に石を敷き、その上に立っています。なぜ何百年にもわたってそれらの木が腐らないのかというと、水中には腐食要因のシロアリや好気性の腐食細菌がいないからです。

ただし、都市の地盤は少しずつ沈下しはじめており、その対策として大規模な土木工事が進められています。

河川から海へ

ラグーナは水深が浅く、水路が迷路のように入り組んでいて船の侵入が困難なことから、5世紀中ごろのフン族の襲来やゲルマン民族の大移動といった動乱の際、避難民がやってきました。しかし、大陸部の陸地とくらべ、農耕に適した土地とはいえないなどの理由からか、定住する人はわずかしかいませんでした。その後、6世紀後半にはゲルマン系のランゴバルト族から逃げてきた、ヴェネト語を操るヴェネト人がラグーナに集落を築きます。ヴェネツィアという名前はラテン語の「ヴェネト人の土地」に由来するといわれています。

ヴェネト人などの移住は続き、ラグーナ内の島に居住する人も増えていきます。人々は漁業や、沿岸部で仕入れた塩の生産と販売で主に生計を立てていました。

ヴェネツィアは表向きは東ローマ帝国（ビザンツ帝国）の支配下にありましたが、半ば自治のような状態にありました。そして697年、市民の中から最高執政官、つまり国家元首にあたるドージェを選出し、共和政都市として歩みだしました。この年をもって、のちの「ヴェネツィア共和国」が建国されたとされます。726年には、東ローマ帝国がドージェを為政者として承認します。

828年、ふたりの商人がエジプトのアレクサンドリアから聖マルコの遺骸を持ち帰ります。現在も残るサン・マルコ寺院は、この遺骸を安置するために建立されました。サン・マルコ寺院に隣接する建物はパラッツォ・ドゥカーレ（ドゥカーレ宮殿）といって、行政府にあたるドージェの館でもありました。

塩業の独占とともにヴェネツィアにおける商売の主力となったのが、河川を利用した交易でした。その交易圏も広がっていき、やがて海へ進出するようになります。すると、アドリア海の島々を根城にしていた海賊と争いになり、それらを駆逐して10世紀にはアドリア海での制海権を確立しました。そのころになると、東地中海を中心にスペインやシチリアを支配していたイスラム教国とも交易を行います。

さらに1082年、アドリア海の沿岸の防衛を担う代わりに、東ローマ帝国より免税の特権を得ます。こうして、東ローマ帝国のもとで貿易圏を拡大させていきます。

繁栄のきっかけは十字軍

10～11世紀ごろのイタリアでは、都市の商人が力をつけはじめて封建領主から自治権を獲得します。そうして、ヴェネツィアのほか、フィレンツェやミラノなどの共和政の都市国家がいくつも生まれ、発展しました。

ヴェネツィアもさらなる躍進を遂げ、強力な艦隊と商船を持つことで強大な都市国家となります。東方との貿易では胡椒などの香辛料、織物を輸入する一方で、羊毛製品などを輸出しました。

その繁栄は第4回十字軍遠征で確固たるものとなりました。

十字軍は11世紀末、イスラム勢力から聖地エルサレムを奪還することを目的に、キリスト教国によって立ち上げられました。ヴェネツィアも十字軍船団の出港地として船を提供するとともに、ヴェネツィア商人を貿易のために同行させたのです。

1202年、ローマ教皇インノケンティウス3世の要請により、北フランスの諸侯を中心として第4回十字軍が旗揚げされました。その輸送をヴェネツィア商人が担います。しかし諸侯が輸送費を払えなかったため、ヴェネツィア商人はこのとき東ローマ帝国の都コンスタンティノープルに攻め込むことを提案しました。コンスタンティノープルは人口100万人、東西貿易の要衝でした。ヴェネツィア商人は東方での貿易の独占をたくらんだのです。

第4回十字軍はハンガリー王の保護下の街ザラを攻略後、コンスタンティノープルや周囲の島々を占領し、ラテン帝国を建国します。ヴェネツィアはラテン帝国を植民地とし、商業に関する特権を独占しました。現在サン・マルコ寺院にある4頭の馬のブロンズ像はこのときにコンスタンティノープルから略奪したものです。

1261年に東ローマ帝国が復興し、ラテン帝国は滅亡しますが、ヴェネツィア商人は世界を股にかけて活動するようになっていました。『東方見聞録』を著したマルコ・ポーロも13世紀後半のヴェネツィアの商人です。シルクロードを通じて、当時の中国（元王朝）とも貿易を行っていました。

1378～81年にかけての戦いでは、ライバルであったジェノヴァを打ち破り、ついにヴェネツィアが地中海の覇権を握りました。

市民の生活を管理した賢人会

ドージェというヴェネツィア全体の統治者がいる一方、島ごとに共同体が存在しました。共同体は広場を中心とし、その周囲に船着場や作業場、教会、住宅などが配置されます。また、島々は橋と渡し船によってつながれ、人々が行き来していました。

13世紀末になると、ヴェネツィアの政治体制に変化が表れます。富裕な上層市民による政治の独占化が進み、寡頭政治体制となったのです。これには運河の存在が関係していました。

ヴェネツィアの運河は自然の地形を利用したものであり、水運のほか、街の防衛にも使われていたのです。しかし、運河は川からの堆積物で埋まりやすく、環境を維持するためには賢人会という水利技術者集団による土木工事が必要でした。賢人会は工事を行う際に軍事機密である海図に接するため、排他的な組織となり、やがて世襲の身分になります。ついには、市民生活を管理するようになりました。

また、現在のヴェネツィアの特産品であるヴェネツィアンガラス（グラス）の生産が本格化したのも13世紀です。当時、中東産のガラスが珍重されていたことから、シリアより技術を導入して国産化に成功しました。

このころには、市政においてドージェは象徴的な存在になっていて、外交や軍事は大評議会が担いました。

１４２３年のヴェネツィアの収益は７５０万～１５００万ダカット、当時のスペインの収益と同等でした。１ダカットは現代の10万～20万円くらいの価値であり、現在の金額に換算すると、最低でも７５０億円、最高で３０００億円程度となります。のちにイギリスの劇作家シェイクスピアが『ヴェニスの商人』の主人公をヴェネツィア商人としたのも、ヴェネツィアが豊かであることが知られていたからです。

15世紀中ごろ、一時ティムール帝国に破れて衰えていたオスマン帝国が復興し、東地中海に進出しはじめます。1453年、オスマン帝国はコンスタンティノープルを陥落させ、東ローマ帝国を滅ぼしました。

1498年にはポルトガルがインド航路を開拓すると、世界の貿易の中心は大西洋岸のポルトガルのリスボンへと移り、ヴェネツィアの繁栄にも陰りが見えはじめます。

ゴンドラと街の衰退との関係

15世紀末に勃発した、イタリアをめぐりフランスと神聖ローマ帝国が争ったイタリア戦争の影響と、東方からのオスマン帝国の進出で、ヴェネツィア共和国は東地中海の領土を失いました。

1571年のレパントの海戦では、ヴェネツィアはスペインや教皇と連合軍を結成し、オスマン帝国に勝利したものの、地中海の制海権は奪えませんでした。

商業国家としての衰退とは対照的に、ルネサンス期ということもあり、ヴェネツィアでは文化が興隆しました。東西の文化の交わる国際貿易都市であったためです。

さて、現代のヴェネツィアでゴンドラを観察すると、船体が黒いことに気づくでしょう。これはヴェネツィアの経済力の低下が背景にあります。

1633年、ヴェネツィア政府は国費倹約のため、ゴンドラの覆いは〝黒いラシャ以外使用してはならない〟という法令を発布したのです。このときからゴンドラは黒くなり、その後に法令が無効となっても慣習として黒いままなのです。近世以降の衰退がなければ、ゴンドラの色は初期のように赤や青といった明るい色のままだったでしょう。

工業都市から屈指の観光都市へ

1797年にはナポレオンがヴェネツィアに侵攻し、フランスとオーストリアとの間で結ばれたカンポ・フォルミオ条約によって、ヴェネツィアはオーストリア領となり、ヴェネツィア共和国は消滅しました。1000年以上も共和政都市国家として継続したヴェネツィアは、共和国としては最長の存続年数を誇ります。

ところが、1805年のアウステルリッツの戦いでオーストリアとロシアに勝利したフランスが、再びヴェネツィアを獲得します。しかし、フランスによる支配も長くは続かず、ナポレオン戦争後のヨーロッパの秩序を取り決めるために開かれたウィーン会議を経て、1815年、またもヴェネツィアはオーストリアの支配下に置かれることになります。

フランスの統治下にあったころ、ヴェネツィアはナポレオンの勅令により都市開発がスタートしました。オーストリアの支配下に置かれても、この開発は続きます。そうしてつくられた代表的な建造物には、1846年に開業したヴェネツィア北西部と大陸とを結ぶ鉄道橋（現在のリベルタ橋）、1861年に開業したヴェネツィア本島と大陸とを結ぶ鉄道があります。このようにして、船以外の交通手段による大陸との往来が可能になりました。

その半面、都市計画によって多くの居住区や教会が取り壊され、それまで主要な交通路だった運河などがいくつも埋め立てられています。

1861年にはイタリア王国が成立し、それから5年後の1866年、オーストリ

現在のヴェネツィア本島

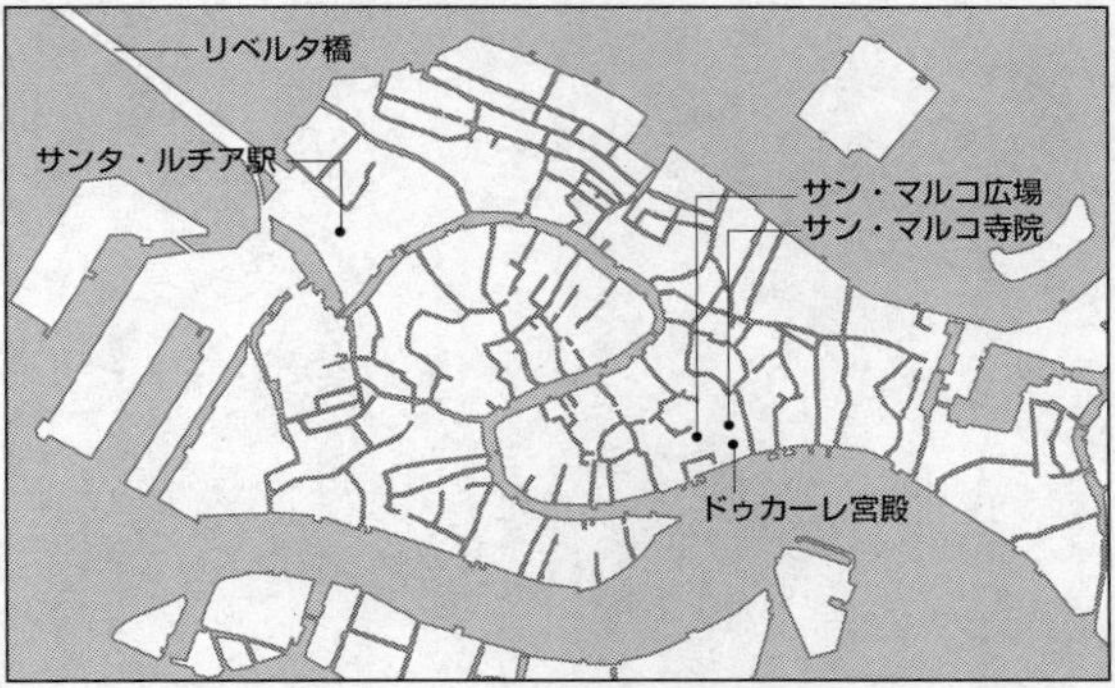

近代化が進んだが、多くの運河や水路、歴史的な建物は残された。

アから独立したヴェネツィアがイタリア王国に編入されました。編入後のヴェネツィアでは、道路などのライフラインが整備されていき、徒歩による移動の割合が船を使った移動を上回るようになりました。

第一次世界大戦ごろからヴェネツィアは工業都市へと生まれ変わりますが、第二次世界大戦後になると工業は衰退し、代わりに観光資源の利用が促進されていきます。その結果、現在ではヨーロッパ屈指の観光都市として年間2500万人もの観光客が訪れ、運河のある町並みを堪能しています。

都市国家としてのヴェネツィアは亡国となっても、美術品や建築物は観光客を魅了し続けています。

デリー

多文化が混在する複雑な顔を持つ街

—— Delhi ——

13世紀以降に西方から侵入してきた歴代のイスラム王朝と、19世紀以降にインドを支配したイギリスという外来勢力によって、デリーは発展してきたが、古くからの土着のヒンドゥー文化も根づいている。

イスラム建築とヒンドゥー建築、近代的な計画都市のニューデリーが隣接するデリー市街は、インドの歴史の縮図ともいえる。

現在属する国：インド
人口：約2,940万人（2019年時点）

古代の叙事詩にも登場する古都

逆三角形をしたインド亜大陸の北部中央に位置するデリーは、東にガンジス川の支流であるヤムナー川が流れ、西と南はアラーバリ丘陵に囲まれた「デリー三角地」と呼ばれる地域にあります。ここは、インド亜大陸の西部を流れるインダス水系と東部を流れるガンジス水系の分岐点にあたり、古くから西のアラビア海、東のベンガル湾、北方の中央アジアに通じる交通の要衝とされてきました。

21世紀はじめの現在、デリーの面積は約1484平方キロメートルと東京都23区の倍以上で、人口は約1700万人と世界の都市で5本の指に入ります。

広大な市域では13世紀以降、デリー・スルタン朝と呼ばれた5つの王朝がそれぞれに王城を築き、16世紀に成立したムガル帝国時代には北部に王城が移り、さらにイギリス植民地時代には東南に新都心のニューデリーが築かれました。この7つの王朝が異なる時代に市内の各地域で都市開発を行ったデリーは多面的な顔を持ち、それゆえ「7つの都市」、あるいは「15の町」とも呼ばれます。

4世紀前後のインドで成立した叙事詩『マハーバーラタ』では、劇中のパーンダヴァ王子が治めた都のインドラプラスタ（サンスクリット語で「雷神の平原」）は、現在のデリー東部に該当するといわれます。しかし、考古学的な立証はされていません。

インドでは6世紀にグプタ朝が滅亡して以降、北部ではラージプートと呼ばれるヒンドゥー教徒の王侯による小王国が分立していました。デリーという地名は、8世紀にこの地を支配していたデール王という君主の名に由来するといわれます。

12世紀になると、デリーの周辺はラージプートの一大勢力だったチャーハマーナ朝の支配下となりますが、たびたび西方から侵攻してくるイスラム勢力におびやかされます。

イスラム文化をもたらした王朝

1206年、トルコ系のイスラム教徒であったアイバクがインド北部を支配下に置き、デリーを都とする新王朝を建てました。アイバクを含めて歴代の王は奴隷戦士から成り上がった者が継承したので、「奴隷王朝」と呼ばれます。

アイバクは、デリー征服の記念碑として、クトゥブ・ミナール（勝利の塔）と呼ばれる石塔（ミナレット）を建設しました。高さが約72メートルもあり、表面には『コーラン』の文言が刻まれています。当時デリーには27のヒンドゥー寺院がありましたが、アイバクはそれらを破壊して石材を入手し、モスク（イスラム寺院）を築かせます。

ちなみに、クトゥブ・ミナールのすぐ近くには、4世紀のグプタ朝時代に築かれた高さ7メートルの鉄柱が残っています。これは純度99％以上の鉄で構成されており、古代インドの金属加工技術のレベルの高さを示しています。

奴隷王朝の成立以降、320年にわたってデリーに都を置く「デリー・スルタン朝」と総称される、ハルジー朝、トゥグルク朝、サイイド朝、ローディ朝が興亡をくり返します。いずれも、イスラム教徒の王族がヒンドゥー教徒を支配する体制であり、民衆の間からもイスラム教徒に改宗する者が増えていきました。

ヒンドゥー教の建築物は神像などの装飾が多いのが特徴である一方、イスラム教は偶像崇拝を否定するため宗教的な彫刻はつくらず、装飾には幾何学模様を用いるのが通例です。しかし、デリー・スルタン朝の時代を通じて、デリーの建築物ではヒンドゥー建築とイスラム建築の要素が混在した独自の様式が発達します。

帝国の栄華を象徴する「赤い城」

16世紀に入ると、中央アジアの大部分を支配していたティムール朝の王子バーブルが、現在のアフガニスタンからデリーに侵攻してきました。ローディ朝を征服したバーブルは、1526年にムガル帝国を築きます。ムガルという王朝名は「モンゴル」に由来し、バーブルの父方の祖であるティムールはモンゴル帝国に仕えたイスラム教徒の武人、母方の一族もチンギス・ハンの次男チャガタイの子孫です。

バーブルのあと2代皇帝となったフマーユーンは、インド北東のビハールから侵攻してきたスール朝によって一時的にデリーを占領され、ペルシャに亡命します。のちにフマーユーンはデリーを奪回し、スール朝が築いた城砦を自分の王城としました。この城は後年、プラーナー・キラー（古い城）と呼ばれます。

フマーユーンの没後、デリーより約200キロメートル東南にあるアーグラに王城が置かれますが、1628年に即位した第5代皇帝のシャー・ジャハーンは、デリー市街の北東部に新都シャージャハーナーバードを建設しました。これが現在のデリー市街

ムガル帝国時代のオールドデリー

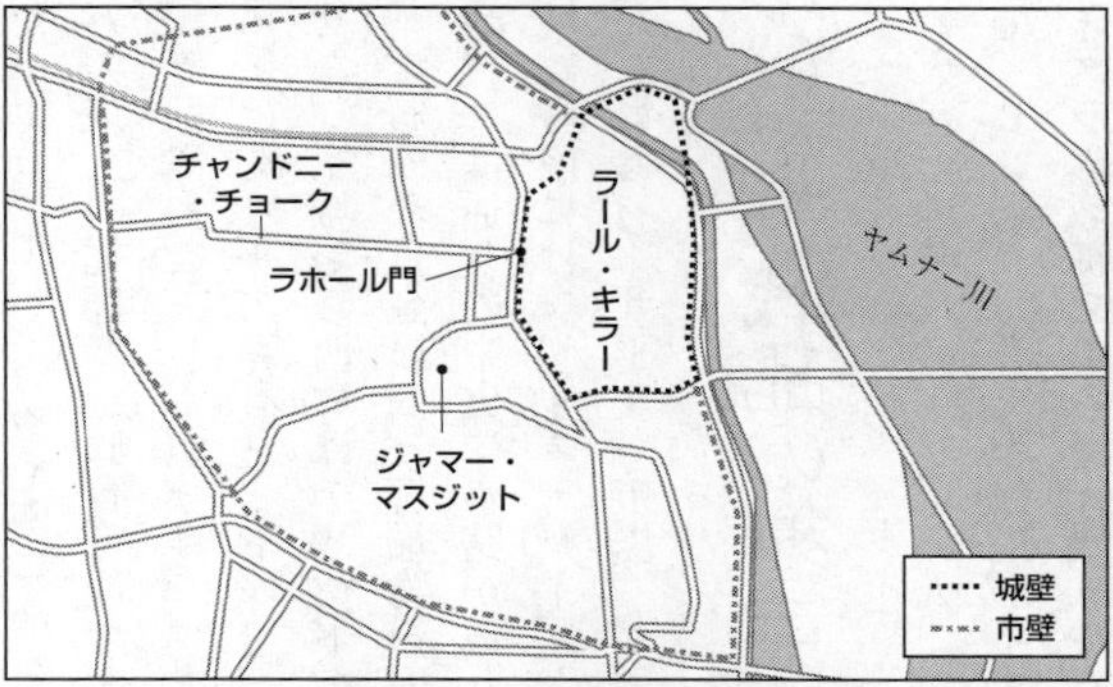

『A Handbook for Travellers in India』, 14th ed, John Murray, 1933』などを参考に作成
現在とくらべ、ラール・キラーがヤムナー川沿いに位置した。

北部の「オールドデリー」と呼ばれる街区にあたります。

ヤムナー川に面する場所に築かれた王城は、南北約900メートル、東西約500メートルの広さがあり、建材に赤砂岩を使用していたので外観が赤く、ラール・キラー（赤い城）と呼ばれました。王城には西方を向いたラホール門をはじめ7つの大きな城門があり、皇帝と臣下の謁見に使われたディーワーネアームという大広間には、高価なダイヤモンドやルビーで装飾された「孔雀の玉座」が置かれていました。

城下町は王城を中心に半径約2キロメートルの扇形に広がり、11の門を備えた全長6・4キロメートルの市壁で囲まれていました。市街の中心からやや南にあるジャマー・マスジットはインド最大級のモスクで、1万人以上の礼拝者を収容可能です。さらに、1730年までに市内に100のモスクが新設されたといわれます。

市街は約4平方キロメートルで、諸外国の大都市と比較するとあまり広大とはいえません。王城から西にはチャンドニー・チョーク（月光路）と呼ばれる大通りが広がり、宝石商や貴金属商、綿織物を取り扱う商店などが軒を連ねていました。ムガル帝国時代には通りの中央に水路がありましたが、現在は埋め立てられています。一方、王城から南にはファイズ・バーザールと呼ばれる大通りがのび、その名のとおり街路の左右にはバーザール（市場）が開かれていました。

たびたび戦乱の舞台となった市街

ムガル帝国時代のデリーの人口には諸説ありますが、19世紀初頭には12万〜15万人ほどで、ヒンドゥー教徒の住民がイスラム教徒の住民よりやや多かったといいます。

イスラム教徒である王侯貴族や高級官僚の間では、インド土着のヒンディー語ではなく西方のサファヴィー朝と同じくペルシャ語が公用語とされ、詩などの文学作品の多くもペルシャ語で書かれました。デリーに繁栄をもたらしたムガル帝国の支配階級は、インド全体から見ればよそ者だったといえます。

シャー・ジャハーンは、デリー以外でも大規模な建築事業に力を入れ、アーグラには王妃ムムターズ・マハルの霊廟としてタージ・マハルを築かせます。多くの建築事業にはペルシャ出身の技術者の協力がありました。しかし、晩年には皇子のアウラングゼーブと対立してアーグラの城砦に幽閉されてしまいます。

18世紀のはじめにアウラングゼーブが没して以降、ムガル帝国は衰退に向かい、1739年にはペルシャのアフシャール朝からナーディル・シャーが侵攻し、大量のデリー市民を殺害してムガル王家の財宝の数々を略奪しました。

さらに、インド東部のベンガル地方などは、少しずつイギリスの勢力圏となります。イギリスは1600年に半官半民の東インド会社を設立し、香辛料や茶、綿などの交易利権を拡大していました。18世紀中にはインド各地に軍隊を駐屯させ、地方の領主の実権を奪い、ムガル帝国から領民に対する徴税権まで得ます。

デリーの南に広がるデカン高原一帯には、マラーター同盟と呼ばれるヒンドゥー教徒の独立勢力があり、たびたびイギリス軍と衝突していました。1803年には、マラーター同盟とイギリスの間で第二次マラーター戦争が勃発し、これを機会に勢力を拡大したイギリス軍がデリーを占領、王城の北西に駐屯地を築きます。

植民地時代に築かれた「ニューデリー」

1857年には大規模な反英運動であるインド大反乱が起こります。イギリス軍はこれを制圧してムガル皇帝の位を廃止し、インド全土を植民地化します。反乱鎮圧の過程でデリーは荒廃しますが、イギリス人居留地や鉄道駅などの建設が進められ、市街の西側には新たに兵営地区のデリー軍事区が築かれました。

イギリスはベンガル湾に面するカルカッタ（現在のコルカタ）に総督府を置きましたが、重要施設がインド東部に偏っていたので、インド全土を支配するのには不向きと判断し、1911年に新首都ニューデリーを建設します。

ニューデリーは、イギリスの建築家ラッチェンスの設計をもとにした大規模な計画都市で1931年に完成しました。中心街のコンノートプレイスから放射状に直線の

現在のデリーの中心市街

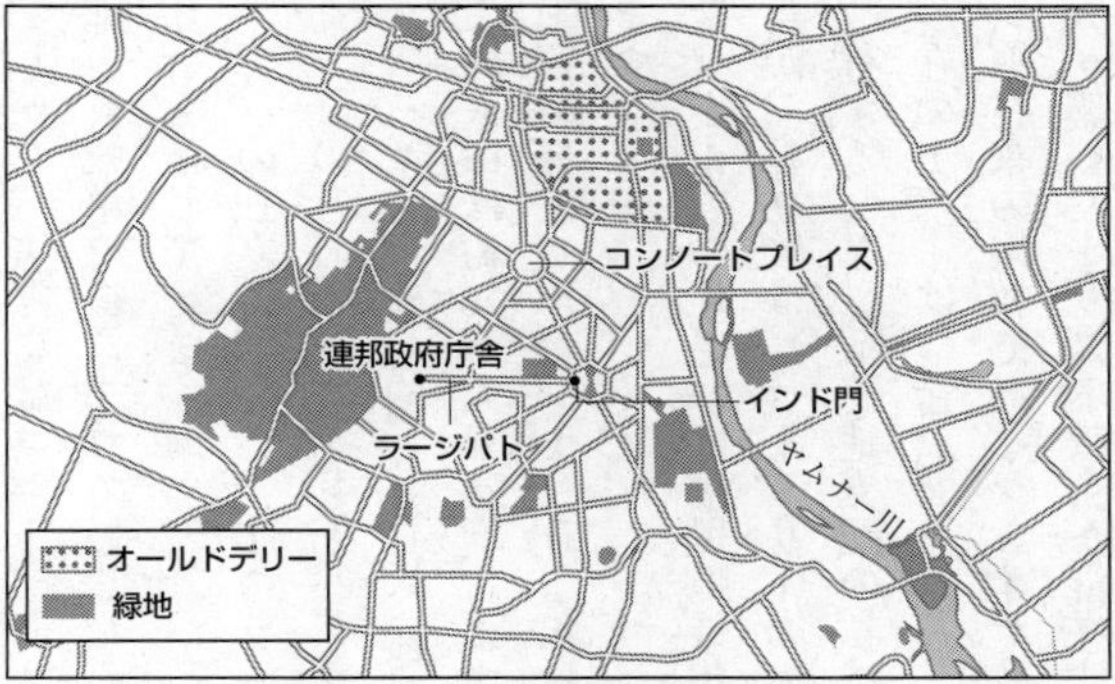

オールドデリーの西南に、ニューデリーが建設される。

街路が広がり、当初から下水道を完備していた衛生的な環境でした。緑地を多めに取っているのが特徴で、公園地帯にはあえてデリー・スルタン朝以後の歴史的な建造物が残されました。ニューデリーの中心近くには、第一次世界大戦後、戦死したインド人兵士の慰霊施設としてインド門が築かれます。

1947年にインドが独立したのちも、行政上の首都機能はニューデリーに集中し、ニューデリーは「大英帝国のインドへの贈り物」と通称されました。日本国内の世界地図では、長らく行政府のあるニューデリーをインドの首都とし、これと別にデリー（オールドデリー）が記されていました。しかし、実際にはニューデリーはオールドデリーとともに「デリー首都圏」という地方行政単位に含まれているため、2002年以降、日本でもインドの首都を「デリー」と記しています。

インドの独立に際して、イスラム教徒が多く暮らす西部地域とベンガル地方はパキスタン（のちのパキスタンとバングラデシュ）としてインドから分離しました。このとき、パキスタンに編入された地域からヒンドゥー教徒の住民が大量に流入し、デリーの人口は約40万人も急増します。デリーは13世紀以来、数百年にわたってイスラム王朝の都でしたが、1951年にはヒンドゥー教徒の住民が84％を占めるまでになります。

デリー市内の地名には植民地時代にイギリス人がつけたものが少なくありませんでしたが、独立後はニューデリーの大通りを「キングズ・ウェイ」から「ラージパト」と改称するなど、植民地支配の払拭が進みました。

現在のデリーは、近代的なオフィスビルが林立するなかに、ヒンドゥー教の寺院や、インド在来の宗教であるジャイナ教の寺院、さらにはイスラム教のモスクや、イギリス人が築いたキリスト教会が混在する多文化共生の都市となっています。

ムンバイ
―イギリス主導で開発された商工業の中心地―

現在のインドでデリーに匹敵する大都市なのが、アラビア海に面するムンバイで、人口は1800万人以上におよびます。もとは海岸に7つの島が密集した小さな漁村地帯でしたが、1534年にポルトガル人が城砦を築いて交易拠点を建設し、ポルトガル語の「ボンバイア（良港）」から、ボンベイと呼ばれるようになりました。

1995年には、ヒンドゥー教の女神の名に由来する古来のムンバイという名に改称されています。

1661年にイギリスに譲渡され、中東・ヨーロッパ方面に出やすい立地条件から東インド会社の拠点のひとつになります。19世紀に入ると、イギリス資本によるインドでの紡績業の中心地とされ、1891年には人口82万人の大都市へと成長しました。

インドの独立後も商工業が発達し、インド最大の財閥タタ・グループをはじめとする大企業の本社や、ムンバイ証券取引所などの重要な金融機関が置かれています。

サンクトペテルブルク

—— Saint Petersburg ——

ロシア皇帝が西方に開いた窓口

内陸のモスクワを中心に発展してきたロシアで、18世紀に新たに築かれた港湾都市がサンクトペテルブルクだ。西欧の文化にあこがれる皇帝の夢が込められたニュータウンであった。

20世紀以降のモスクワが近代的な都市として発展したのとは対照的に、イタリアから招かれた建築家らによって宮殿や教会が立ち並ぶサンクトペテルブルクは、今も帝政時代の趣を残している。

現在属する国：ロシア連邦
人口：約543万人（2019年時点）

新首都のモデルはアムステルダム

サンクトペテルブルクは、20世紀には「ペトログラード」、続いて「レニングラード」と名前を2度も変え、さらに再びもとの名にもどりました。ゲルマン語圏での「ブルク」、スラブ語圏での「グラード」という語句は、「城市」を意味し、ほかにもドイツのハンブルク、セルビアのベオグラードなどの地名があります。サンクトペテルブルクのたび重なる改名は、外国との関係、政体の変化を反映していました。

ロシアの領土でも、バルト海に通じるフィンランド湾の一帯は海路での西欧への玄関口となる重要な地域です。この地では9世紀にノヴゴロド公国が建国され、のちにモスクワ大公国の勢力圏にのみこまれます。１６１７年にはスウェーデンの占領を受け、18世紀初頭にピョートル1世（大帝）によって奪回されました。

ピョートルは、西欧の進んだ工業技術や文化を取り入れる政策を進め、身分を隠してオランダで造船や操艦について学んだ経験もあります。こういった背景があり、西欧に開かれた沿岸部に、オランダのアムステルダムのような貿易港を持つ都市を築き、旧態然としたモスクワに代わる新首都にすることを構想していました。

1703年、ピョートルはネヴァ川の河口にあったザーヤチ島（うさぎ島）に要塞を築かせます。これがサンクトペテルブルクのはじまりです。当初は「サンクトピーテルブルッフ」とオランダ風の発音で呼ばれていました。ペテル（ピーテル）とは、ピョートルが守護聖人としていたキリスト教の聖ペテロを指します。

のちに聖人パウロの名をつけ加え、要塞は「ペトロパヴロフスク要塞」と改名されます。政治犯の監獄として使われるようになると、ピョートルに逆らった皇太子アレクセイや、20世紀にロシア革命を起こすレーニンらが収監されました。

サンクトペテルブルクは、モスクワから北西へ約650キロメートルの位置にあり、年間平均気温はモスクワと同じく約5～6℃です。高緯度にあるので例年5月下旬から7月中旬は白夜となり、真夜中でも日が沈みません。

市内を流れるネヴァ川は曲がりくねって複雑に分岐しているので、市の総面積の約10%が水面にあることから、サンクトペテルブルクは「ロシアのヴェネツィア」とも呼ばれます。船の航行を優先するため19世紀まで河口には常設の橋がなく、川船や簡易な浮橋が使用されました。冬期は凍結した水面を歩いて横断できました。海抜は1・

サンクトペテルブルクの位置

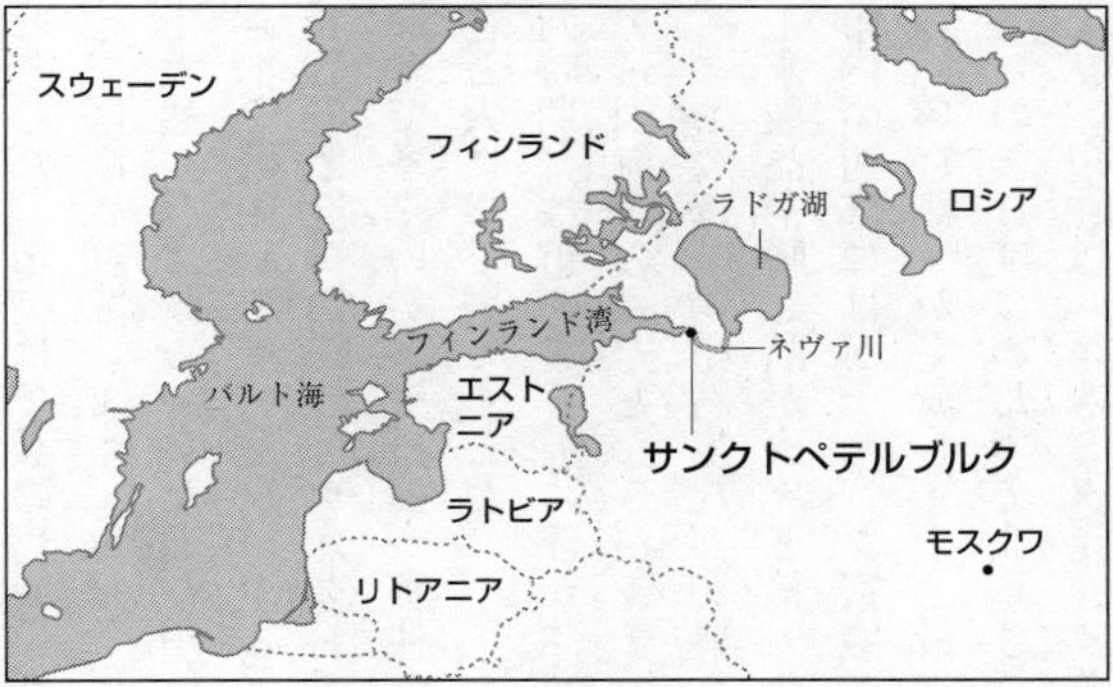

フィンランド湾の最奥、ネヴァ川河口にサンクトペテルブルクは位置する。

5メートル未満で、秋になると強風による高潮が発生しやすく、洪水に襲われやすいのが難点でした。

とはいえ、当時のロシアではほかに外洋に面した地域は北極方面しかありません。その地域は冬期になると、湾が氷で閉ざされて船の航行が困難となるため、それにくらべれば、サンクトペテルブルクは格段によい環境でした。

毛皮輸出で富を築く

ピョートルは新首都建設のため、約4万人の農奴と約3000人の職工を動員し、要塞に続いて、造船所や官庁の施設を建てさせました。市街は多数の島や中洲に分断されつつも、計画都市らしい直線の街路によって区画されています。ネヴァ川沿いの海軍省からは、メインストリートのネフスキー大通りをはじめとした通りが放射状に広がり、ネフスキー大通りは、南方のノヴゴロドを経由してモスクワへ至るノヴゴロド街道につながっています。

1712年、完成したサンクトペテルブルクに首都機能が移されます。ピョートルの命令で多くの貴族や市民が移住させられ、遷都から10年ほど経ったころには人口が約10万人にまで増えました。

同時期には市のすぐ前に浮かぶコトリン島にクロンシュタット海軍基地が築かれロシア帝国海軍の主力となるバルチック艦隊の母港とされます。貿易港からは毛皮や亜麻、のちには穀物や石炭などが盛んに輸出されて多大な外貨をもたらし、一方で西欧の工業製品や嗜好品が次々と輸入されました。

市内の西部にはペテルゴフ宮殿（「夏宮殿」）が築かれ、1754年には冬期に使用する「冬宮殿」が完成します。最初の建物はイタリア人の建築家ラストレッリが手がけ、その後5度にわたって改築されました。敷地面積は4万6000平方メートルにおよび、現在は「エルミタージュ美術館」の本館として使われています。エルミタージュとは「隠れ家」を意味し、当初は女帝エカチェリーナ2世の私的なコレクションの展示場でした。イタリア・ルネサンス期の絵画などを数多く所蔵しており、1852年から一般公開されるようになりました。

上流階級に広まったフランス文化

ピョートル1世の即位から100周年となる1782年には、冬宮殿の西にピョートル騎馬像が建てられます。後年に詩人のプーシキンは、『青銅の騎士』と題した長編叙事詩で、市のシンボルとなったこの像をとりあげています。

この時代に、サンクトペテルブルクを訪れた日本人がいます。アリューシャン列島で遭難した船員の大黒屋光太夫《だいこくやこうだゆう》とその仲間はロシア領内に漂着し、帰国の許可を得るため、シベリアを横断して1791年にサンクトペテルブルクに至りました。光太夫らは市街の南東にあるエカチェリーナ宮殿でエカチェリーナ2世に謁見し、彼らに同情した女帝は、一行の帰国時に海軍士官のラクスマンを同行させて江戸幕府に日露貿易を打診しましたが、通商の交渉は拒否されました。

19世紀に入る前後、サンクトペテルブルクの人口は約22万人に達しました。その3分の1は軍人や官僚とその家族だったといいます。このころ、フランス革命から逃れてきたフランス貴族が大量に流入し、ロシアでは上流階級の教養としてフランス語が普及します。

1819年にはサンクトペテルブルク大学が創設され、西欧の学術や思想が広まりました。ところが、皇帝は保守的な専制を続け、農民の多くは貧しい生活を送っていました。こうしたなか、フランスの先進的な自由主義思想の影響を受けた青年軍人たちが帝政の改革を唱え、1825年にデカブリストの乱（十二月党の乱）を起こしましたが、鎮圧されて失敗に終わります。

『罪と罰』の舞台は市内の運河沿い

19世紀前半には、イタリア生まれの建築家カルロ・コッシが、「アレクサンドリンスキー劇場」などローマ風古典様式の建築群を手がけ、今あるサンクトペテルブルクの町並みがほぼ完成しました。1833年には市内郵便がはじまり、続いてガス灯が

現在のサンクトペテルブルクの中心市街

市街には運河が張りめぐらされ、「水の都」とも呼ばれている。

普及し、約24キロメートル南方のツァールスコエ・セロー（プーシキン市）との間でロシア最初の鉄道が開業して、近代的な都市インフラが整備されます。

1862年にはサンクトペテルブルク音楽院が創設され、作曲家のチャイコフスキーらがここで学びました。このころのサンクトペテルブルクでは作家のドストフスキーが活動しており、市内でネヴァ川の南を流れるグリボエードフ運河に面する一帯には、小説『罪と罰』の舞台となった貧民街がありました。

20世紀にさしかかるころには、市の人口は約143万人になりました。1904年には日露戦争が勃発し、翌年には戦闘の長期化で困窮する民衆が冬宮殿の前に集まって、皇帝ニコライ2世に不満を訴えました。政府軍は群衆を弾圧して1000人以上もの死者が発生する事態になり、この惨劇は「血の日曜日事件」と呼ばれます。

1914年に第一次世界大戦が勃発すると、ドイツに対する敵対感情が広まり、市の名前はロシア風の「ペトログラード」に改称されました。もっとも、以前から庶民の間では、この名が定着していたといいます。

80年を経て皇帝の遺骸が帰還

大戦中の1917年、ロシア革命が勃発したのち共産党政権のソビエト連邦(ソ連)が成立し、退位したニコライ2世は家族とともに処刑されます。

帝国の解体後、ペトログラードより西方にあったエストニア、ラトビア、リトアニアのバルト三国が分離独立しました(のちの第二次世界大戦中に再占領)。このためペトログラードでは西欧諸国の侵攻が危惧され、翌年には首都は内陸のモスクワにも
どされます。1924年にはロシア革命を指導したレーニンが死去し、今度はその名

を冠して、市の名は「レニングラード」と改称されました。

1941年、ドイツ軍がソ連へ侵攻して約900日にわたるレニングラード攻防戦が起こりました。ドイツ軍の包囲下では生活に必要な物資の補給が尽き、市民の戦死者は約80万人におよび、このうち約64万人が餓死者だったといわれています。

ソ連政府は戦後、レニングラードの復興とインフラ整備に力を注ぎ、戦闘で破壊された建物の多くは修復され、昔ながらの町並みは維持されました。

ソ連の共産党政権は1991年に解体され、市の名はサンクトペテルブルクにもどされました。ただし、市が属する州は引き続き、レニングラード州とされています。

1998年には、処刑されたニコライ2世とその家族の遺骨が回収されてサンクトペテルブルクに帰還し、ペトロパヴロフスク要塞内の大聖堂に埋葬されました。

ソ連崩壊に際してバルト三国が再び分離独立したため、サンクトペテルブルクは、ロシアにとってバルト海沿岸で最も重要な貿易拠点となります。

21世紀の現在、モスクワは超高層ビルの立ち並ぶ近代的な商業都市になりました。モスクワとは対照的に18〜19世紀の風情を漂わせる建築が数多く残るサンクトペテルブルクは、観光地として海外からも広く人気を集めています。

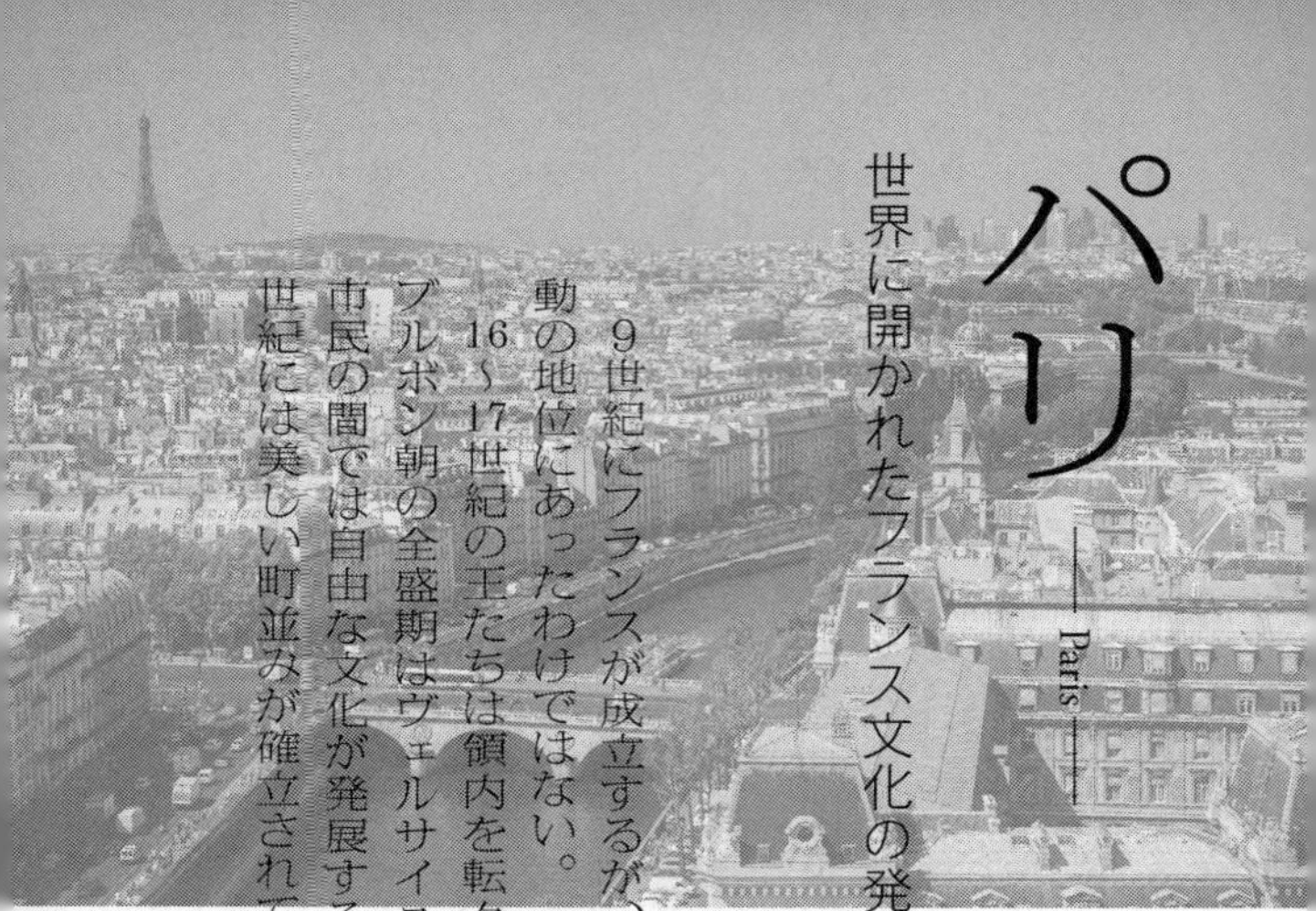

パリ

— Paris —

世界に開かれたフランス文化の発信地

9世紀にフランスが成立するが、パリはそれ以降、首都として不動の地位にあったわけではない。

16～17世紀の王たちは領内を転々と移動し、18世紀末まで続いたブルボン朝の全盛期はヴェルサイユが政治の中心地となったことで市民の間では自由な文化が発展する。そして革命と戦乱を経て、19世紀には美しい町並みが確立されていく。

現在属する国：フランス共和国
人口：約1,096万人（2019年時点）

川中の小島から発展した

「エッフェル塔」「エトワール凱旋門」など、数々の世界的な観光名所を持つパリ――この町では、フランス人の美意識を反映して、建物の高さや屋外広告まで、市街の美観を損ねないように細かくルールが定められています。

現在のパリは20の街区からなり、第1区はセーヌ川に浮かぶシテ島の西部を含む一帯です。この22万平方メートル（東京ドーム5個分）ほどの島からパリの歴史ははじまりました。紀元前3世紀ごろ、西欧に定住していたケルト族に属するパリシイ人がシテ島に集落を築きます。彼らの名が「パリ」という地名の由来です。

古代ローマ人は、フランスをガリア、シテ島の周辺を「ルテティア」と呼びました。紀元前52年、カエサルの率いるローマ軍がこのルテティアを占領します。

ルテティアは盆地の中心に位置し、中南部のブルゴーニュから西部沿岸のルアーヴルに至るセーヌ川が流れ、北方のブリテン島や、南方の地中海方面との交易に適していました。ローマ人はこの地に植民都市を築き、西方のルーアンや南方のオルレアンに通じる街道を敷設し、シテ島を挟んだセーヌ川の右岸（北側）と左岸（南側）を結ぶ橋を架け、格子状の街区を整備して巨大な劇場や円形闘技場を建設しました。パリシイ人の多くは川船の船員として働き、地中海の都市部で生産された陶器や金属製品や衣類などが、ルテティア経由でガリア北部やブリテン島に流通します。

紀元後3世紀に入ると、ローマ人の間ではルテティアではなく「パリシイ人の町」という通称のほうが広まり、最終的に「パリ」という地名が定着します。

ガリアには東方からゲルマン人が侵入するようになります。そこでローマ皇帝の一族であり、ガリアの奪回をはかった将軍のユリアヌスはパリに拠点を置き、361年に西ローマ帝国皇帝に即位しました。

数十年かけて築かれた聖堂

5世紀にゲルマン人オドアケルによって西ローマ皇帝の位が廃されたのち、ガリアではゲルマン系の勢力が入り乱れ、フランク人を率いるクローヴィスが481年にメロヴィング朝フランク王国を建国します。クローヴィスはローマ教会と協力関係を結んでキリスト教アタナシウス派に改宗し、パリのセーヌ川左岸を中心に多くの教会や修道院を築かせました。このころ市街の人口は約1万~2万人で、東方からユダヤ人やシリア人の商人もたびたび渡来し、古代ローマ時代から引き続きブリテン島との交易も活発でした。

フランク王国では、8世紀に入ると重臣のピピンが王位に就き、カロリング朝が成立します。その子であるカール1世(カール大帝)は、西欧の大部分を征服しましたが、たび重なる遠征のため、パリではなく、主に西方のアーヘンに滞在しました。カロリング朝は、843年のヴェルダン条約によって、西部、中部、東部に3分割され、このとき成立した西フランク王国がフランスの原形となります。ほどなく北欧からノルマン人のヴァイキングがセーヌ川をさかのぼって侵入して、パリの教会を破壊し、市街で略奪をくり返しますが、カロリング家の傍流でパリ一帯を治める伯爵ウードに撃退されました。

987年にカロリング家が断絶すると、ウードの子孫ユーグ・カペーが即位し、カペー朝フランス王国を創始します。

カペー朝ではパリのセーヌ右岸が大きく発展し、シテ島の北東にはレ・アル(中央市場）が広がり、多くの農産物や商品が取引されるようになりました。シテ島の南東部では、1163年に「ノートルダム大聖堂」の建設がはじまります。ふたつの塔を持つこの教会は、全高が約35メートルと中世のゴシック建築では破格のサイズで、1225年にほぼ完成し、その巨大さによって教会は市民に神の権威を誇示しました。

1180年に即位したフィリップ2世は、市内の道路を石畳で舗装し、セーヌ川の両岸にまたがる市壁を建設、さらにヨーロッパ最古の大学のひとつであるパリ大学を創設しました。フィリップ2世がセーヌ川の右岸に築かせた「ルーヴル城」は、その後、数百年にわたって増改築がくり返され、16世紀の中期にはルネサンス様式の壮麗な宮殿となり、のちには美術館として知られることになります。

市民が力をつけた中世後期

パリの人口は13世紀には10万人に達し、1302年には初めて、聖職者（第一身分）、貴族（第二身分）、平民（第三身分）の代表によって税制などを話し合う「三部会」がノートルダム大聖堂で開催されました。平民の代表も参加が認められたのは、商業が大きく発達し、王侯貴族を取引相手とする毛織物商や貴金属商、金融業者など政治的に有力な大商人が増えていたことを反映しています。

中世から市民の間では、職種ごとの協同組合（ギルド）や教会が帰属意識の対象となり、血縁や地縁に束縛されない個人主義的な気質が育まれました。女性が商店主や医師などを務めて世帯主となっていた例も多く記録されています。

1328年にはカペー朝が断絶し、その傍流からヴァロワ朝が成立しました。ほどなく英仏百年戦争がはじまり、フランス国民の多くは戦争のための重税や食糧難で困窮し、1358年にはパリで大反乱が起こっています。

英仏百年戦争は1453年に終結しますが、長い戦乱に加えてペスト（黒死病）が流行し、中世末期のパリは荒廃します。疫病が蔓延した一因は衛生環境の不備で、当時の市街では汚物が路上に捨てられていたほどです。

16世紀に入ると、フランスではイタリアからルネサンス文化が広まる一方、ドイツで勃発した宗教改革が波及し、カトリック教徒とユグノーと呼ばれる新教徒の間で戦乱（ユグノー戦争）が起こります。1572年8月、パリでは新教徒が大量に殺害されるサン・バルテルミーの虐殺が発生し、宗教間の争いは各地に広がりました。

パリに居つかなかった国王

国王アンリ3世は政争のため暗殺され、ヴァロワ家の傍流のブルボン家に属するアンリ4世が即位し、1589年にブルボン朝を創始します。アンリ4世は、かねて工事が進められていたシテ島の西端と右岸を結ぶ石造りの「ポン・ヌフ（新橋）」を完成させ、ルーヴル宮殿の東北に「ロワイヤル広場（のちのヴォージュ広場）」をつくらせたほか、パリ市街の衛生環境の改善をはかって上水道を整備します。

16～17世紀のフランス国王は必ずしもパリに定住せず、地方を巡回しながら生活しました。各地の臣民に王の姿を見せて印象づけ、訪問先で税金を納めさせるためです。

1643年に即位したルイ14世は幼児期から政変や戦乱に見舞われたパリを忌避していたので、パリから南西へ約20キロメートル（徒歩で4～5時間）離れたヴェルサイユに新たな宮殿を築かせます。ルイ14世は在位の途中までルーヴル宮殿で政務を執りましたが、1680年ごろから政治の中心をヴェルサイユ宮殿に移したことで、王家とパリ市民の一体感はしだいに失われていきました。

パリでは1670年に市壁が取り壊され、ルーヴル宮殿の西端から西北へ続く「シャンゼリゼ通り」が完成、翌年には「国立劇場（オペラ座）」が開業します。国王不在のパリでは富裕な市民の間に自由な空気が定着し、多くの芸術家や学者が集い、王侯貴族や教会の権威を否定するボルテールやルソーらによる啓蒙思想が広まりました。

18世紀末、パリの人口は約65万～70万人になります。国民の間では対外戦争と凶作のため税負担が増大し、1789年には市民がパリ東部にある「バスティーユ監獄」を襲撃したことを発端にフランス革命が起こります。三部会の平民代表を中心とした国民会議が実権を握り、ブルボン朝は打倒されて、1792年に共和政が宣言されました（第一共和政）。議会の置かれたパリは再び政治の中心地となり、旧体制の産物とされた教会や貴族の邸宅の多くが破壊され、ルーヴル宮殿は美術館とされます。

ナポレオン3世の治世で完成

革命後のパリでは、急進的な勢力や王政復古派による政変がくり返されます。最終的に、革命政権と敵対する諸外国を退けた軍人のナポレオンが権力を掌握し、議会の支持を得て皇帝に即位して、1804年に第一帝政がスタートします。2年後、オーストリアとロシアに対する戦勝を記念し、シャンゼリゼ通りに「凱旋門」の着工がはじまりますが、完成はナポレオンが失脚したのちの1836年です。

1850年代にはパリで最初の百貨店がオープンし、鉄の支柱とガラスの屋根を用いたアーケード形式の商店街（パサージュ）が広まり、買い物客が衣類や家具など豊富な商品を自由に眺めながら歩く、現代的な商業地ができます。1837年には、パリと西方のサン・ジェルマン・アン・レーの間で鉄道が開通します。

この間に、ナポレオンは失脚してブルボン朝が復活しますが、1830年の七月革命で再び打倒され、立憲君主政のオルレアン朝（七月王政）が成立しました。しかし、これも1848年の二月革命で打倒され、第二共和政が成立します。第二共和政では、ナポレオンの甥のルイが大統領に就任したのち、国民投票での信任を受けてナポレオン3世として皇帝に即位し、第二帝政を開始しました。

パリでは人口の急増により衛生環境の悪化が懸念されていたため、ナポレオン3世は、セーヌ県知事オスマンに大規模な再開発（パリ改造）を命じました。オスマンは、古い建物や、過去の革命で市民がバリケードを築いた狭い路地を取り壊して、エトワー

現在のパリの中心市街

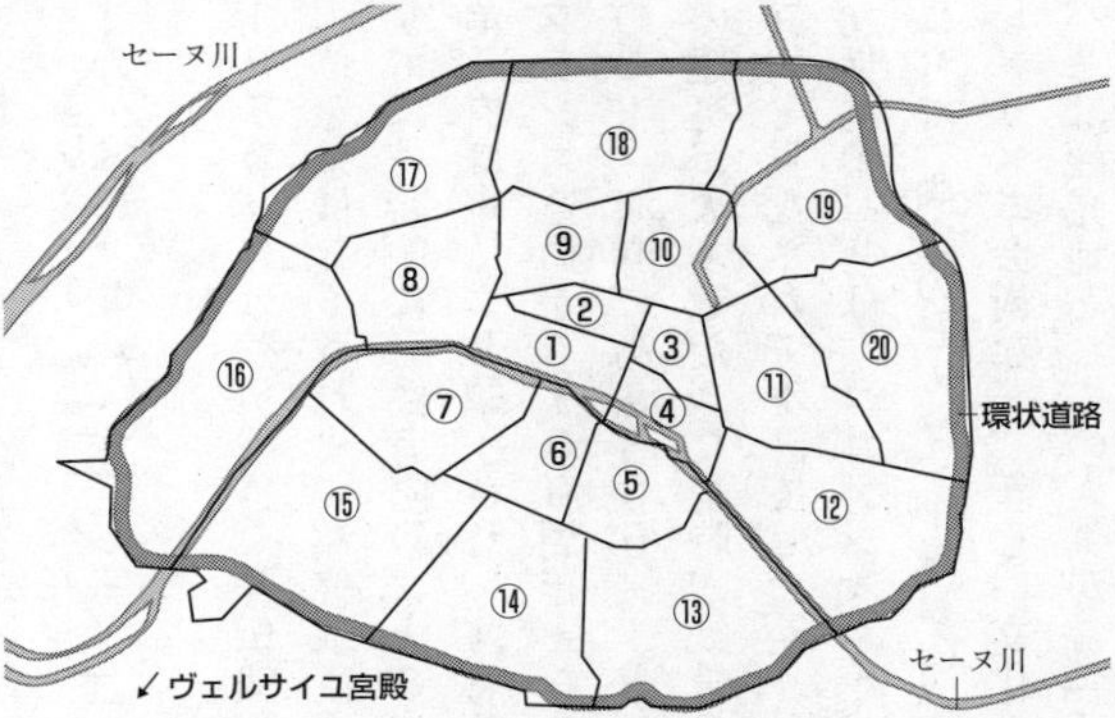

①ルーヴル美術館　①④シテ島　①⑥ポン・ヌフ　④ノートルダム大聖堂
③④ヴォージュ広場　④⑪⑫バスティーユ広場　⑦エッフェル塔
⑧シャンゼリゼ通り　⑨オペラ座(ガルニエ宮)　⑰凱旋門　※丸付数字は街区の番号
シテ島を中心に、時代とともに市域が拡大していった。

ル凱旋門を中心に放射状にのびる街路を通し、地下に下水網を整備して景観の統一性のため建物の高さを7階までと定めます。

パリでは現在も築100年以上の家屋が少なくありませんが、その大部分は第二帝政期に建てられたものです。

20の街区もこのとき定められます。シテ島の西側を出発点の第1区とし、時計回りにらせんを描くように第20区まで数字が割り振られ、道を挟んで奇数の番地と偶数の番地が向かいあうよう規則正しく整理されました。

不人気だったエッフェル塔

1870年には独仏戦争（普仏戦争）が勃発し、フランスの敗戦でナポレオン3世は退位を余儀なくされます。終戦直後の混乱下、共和政の臨時政府が発足しますが、パリでは一時的に労働者階級による自治政府（パリ・コミューン）も樹立されます。自治政府は軍により鎮圧され、臨時政府を発展させた第三共和政が成立しました。

フランス革命から100周年となる1889年、万国博覧会の展示物として、第7区のセーヌ河畔に高さ300メートルを超える「エッフェル塔」が完成します。石造りの建築が大多数だった当時、鉄骨むきだしのこの巨大な塔はパリの景観にそぐわない異物と見なされて不評でしたが、しだいに観光名所として人気を集めました。

20世紀のパリは、ココ・シャネルが帽子屋を創業して世界的なファッションブランドに育て、画家のピカソ、小説家のバタイユなど多くの文化人が集い、前衛的なシュールレアリズム芸術など、新しい文化の発信地としての地位を確立します。

パリは観光地としての人気から「花の都」という呼び名で知られる一方、電灯の普及にともない、エッフェル塔などの建築物は夜間にライトアップされ美しい夜景が演出され、「光の都」という異名で知られるようになりました。

1914年に第一次世界大戦が勃発すると、パリはドイツ軍による長距離砲撃を受けましたが、大きな被害はまぬがれ、終戦後には講和会議の開催地となります。その後、第二次世界大戦が始まると、パリはドイツ軍の占領を受け、一部の市民は果敢に抵抗運動を続けました。1944年には連合軍がパリを解放し、多くのアメリカ兵が、フランスみやげとしてシャネルの店舗に列をなしたといいます。

戦時中イギリスに逃れていた軍人のド・ゴールは、戦後、大統領に就任しました。しかし、権威的な政策に対して労働者や学生の不満が高まり、1968年にはパリを中心に大規模な暴動（五月革命）が起こり、退陣を余儀なくされました。その後、パリ市内でエトワール凱旋門の立っている場所は、ド・ゴールの業績を記念して、「エトワール広場」から「シャルル・ド・ゴール広場」と改称されています。

現代でも、パリ市民のフランス革命と、その後の都市開発で築かれた町並みへの愛着は強く、フランス革命200周年となる1989年には、エトワール凱旋門の西方に高さ110メートルの新凱旋門（ビル）が建設されています。

アムステルダム

— Amsterdam —

プロテスタント商人が形づくった貿易都市

交易圏の拡大を背景として世界屈指の都市へと発展していき、17世紀になると黄金期を迎えたアムステルダムだが、その栄光に至るまでには、干拓による土地の拡大、そして長きにわたる洪水との戦いがあった。

黄金期が終わったあとも、オランダ王国の都として現在も都市は成長している。

現在属する国：オランダ王国
人口：約114万人（2019年時点）

風車が国土の開拓にひと役買う

オランダの特色といえば、国土の約4分の1が海抜0メートル以下ということでしょう。首都であるアムステルダムの旧市街地や鉄道、高速道路こそ海抜0メートルより高い位置にありますが、空の玄関口であるスキポール空港などは海抜0メートル以下にあります。

土地が海抜0メートルより低いと水害が起こりやすく、昔からオランダは洪水に悩まされてきました。洪水対策としてつくられたのが、人工の入江や、川をせき止めるダム、そして堤防です。アムステルダムという都市名も、治水のために築かれた「アムステル川をせき止めたダム」に由来します。

もうひとつ、現在のオランダ名物となっている風車も治水に役立てられました。もとは小麦を脱穀するためにドイツから導入されたものでしたが、土地に侵入した海水を排水する動力源としても活用されました。さらに湖沼の干拓にも用いられ、国土を広げるのにひと役買います。スキポール空港やアムステルダムの郊外にあるベームステル干拓地などは、風車によって造成されました。

宗教の寛容さが発展のカギ

もともとアムステルダムは、ザイデル海（現在のアイセル湖）に注ぐアムステル川河口に位置する小さな漁村でした。1287年、洪水によってザイデル海が広がり北海とつながると、アムステルダムは貿易拠点として注目されます。14世紀には、北ヨーロッパの経済圏を支配していた都市同盟「ハンザ同盟」との貿易を開始し、栄えはじめました。

16世紀後半、アムステルダムはさらなる発展を遂げます。1581年にネーデルラント連邦共和国（オランダ）の首都になったこと、そして1585年にブラバント公国に属していた国際的な商業拠点アントワープがスペイン軍に破壊されたことが、その理由です。とくに後者の影響は大きく、プロテスタントの商工業者がアントワープからアムステルダムに移住し、それまで北海とバルト海沿岸部に限られていたアムステルダムの商業圏は、地中海沿岸部にまでおよぶようになりました。

現在のアムステルダムの位置

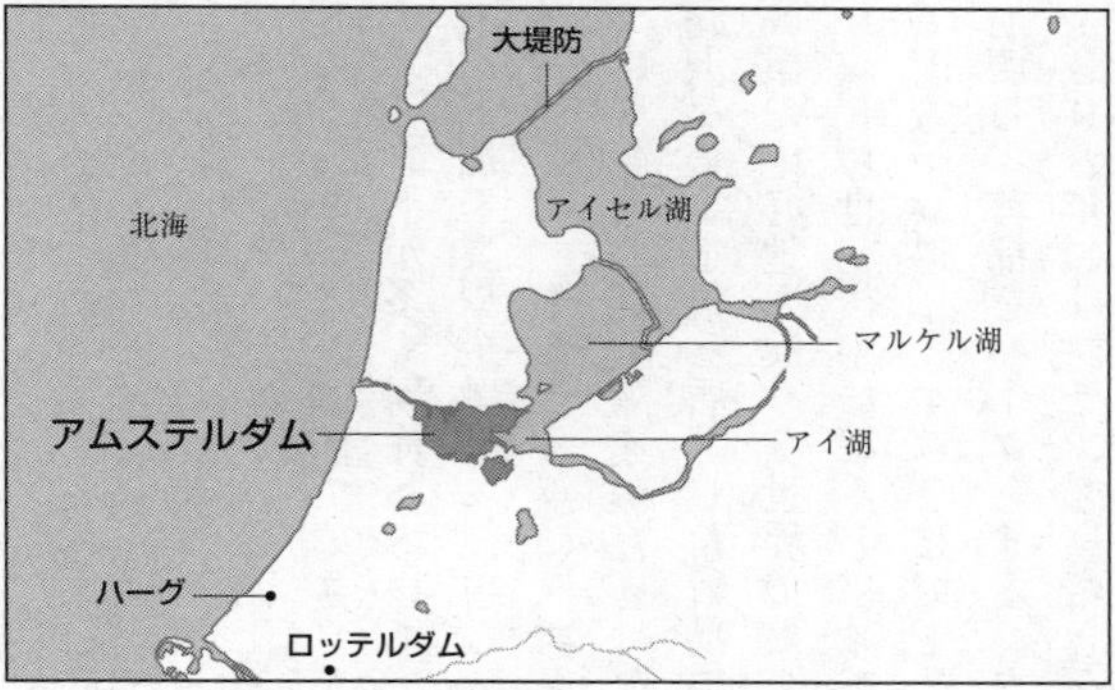

大堤防を抜けて、北海へと商業船が出ていった。

当時、ポルトガルのリスボンが香辛料に関する貿易を独占していました。そんななか、1580年にカトリック教国であるスペインがポルトガルを併合したことにより、スペインと敵対していたオランダの商船がリスボンに入港できなくなります。そのため、オランダ商人はリスボンを経由せず、東洋への独自の貿易網を開拓せざるをえなくなりました。このことが結果的に、オランダの世界的な進出を加速させます。

1602年には東洋諸国と独占的に貿易を行う東インド会社、1621年には新大陸と貿易を行う西インド会社が設立されます。どちらもアムステルダムの商人が中心的役割を担いました。オランダ商人はカトリック教国の商人とは異なり、貿易に布教を持ち込みませんでした。このことが有利に働きます。

外国との貿易を制限していた江戸時代の日本と取引を続けられたことがその一例です。

さらに、アムステルダムの商工業も規模を拡大させます。きっかけは、15世紀後半に起こったスペイン国内でのユダヤ人に対する迫害です。迫害を受けたユダヤ人はプロテスタントが多く居住していて、宗教に寛容だったアムステルダムに移住し、ダイヤモンド加工業や金融業に従事しました。これによってアムステルダムでは商工業が発展しました。1609年にはユダヤ人も出資したアムステルダム銀行が設立され、オランダ商人は資金調達が容易になり、ますます貿易を拡大させていきました。

潤沢な資金を後ろ盾とした貿易によって、17世紀初頭のアムステルダムは世界有数の商業の中心地となり、世界で最も裕福な都市として黄金期を迎えます。

しかし17世紀後半になると、イギリス・オランダ戦争やフランス王国軍の侵攻を受けて国力が減退します。そして1795年、フランス革命軍の侵攻により連邦共和国は崩壊し、首都をハーグとするバタビア共和国が成立しました。

1806年にはフランス皇帝となっていたナポレオンの命令により、みずからの弟であるルイ・ボナパルトを国王とするオランダ王国が樹立、共和国は解体されました。ルイの統治下に、首都はハーグからアムステルダムへ移ります。以来、ハーグには宮殿や議事堂、各国大使館が置かれる一方、アムステルダムは経済の中心地として現在まで至ります。このオランダ王国も長く続かず、1810年にナポレオンがルイを廃位させ、オランダをフランス帝国の属国としました。

ナポレオン戦争後のヨーロッパの秩序について話し合われたウィーン会議の結果、オランダは連合王国として1815年に独立を果たします。1830年には連合の一角を占めたベルギーが分離、独立したことで、現代のオランダ王国が形づくられました。

19世紀後半になると、アムステルダムにも産業革命の波が押し寄せます。停滞していた市の貿易や工業が再開され、労働人口の増加にあわせて市域が拡大していきます。

無数の運河が流れる旧市街地

現代のアムステルダムの地図を見ると、その市街地は扇状に広がっているのがわかります。扇の要の部分にはアムステルダム中央駅があります。そのすぐ北側にはアイ湾を渡るフェリー乗り場、南側にはアムステルダムの中心であるダム広場、ダム広場の西側にはオランダ王室の王宮が存在します。この地域をセントラル地区といいます。セントラル地区を取り囲むように旧市街運河地区が存在し、くもの巣のように流れる運河に沿って町並みが形成されています。

都市内に無数の運河が流れていることから、アムステルダムは「北のヴェネツィア」とも呼ばれています。ただし、両都市の地盤は異なります。ヴェネツィアがラグーナ(潟)なのに対し、アムステルダムは泥炭地です。泥炭地とは、植物が完全分解されずにできた土(泥炭)が積み重なって形成された軟弱な土壌です。旧市街運河地区の建物は、この泥炭地に木の杭を打ち込み、その上に建物が建てられています。

さらに旧市街運河地区には、黄金期に建設された三大運河である「ヘーレン運河」「カイザー運河」「プリンセン運河」が同心円状に流れています。もとは防衛と水利のために開削されましたが、やがて商業や市民生活に用いられるようになります。現在では、運河にハウスボートを浮かべ、住宅として船中で生活する人々も多く、その数は2500隻におよぶといいます。

現在のアムステルダム旧市街

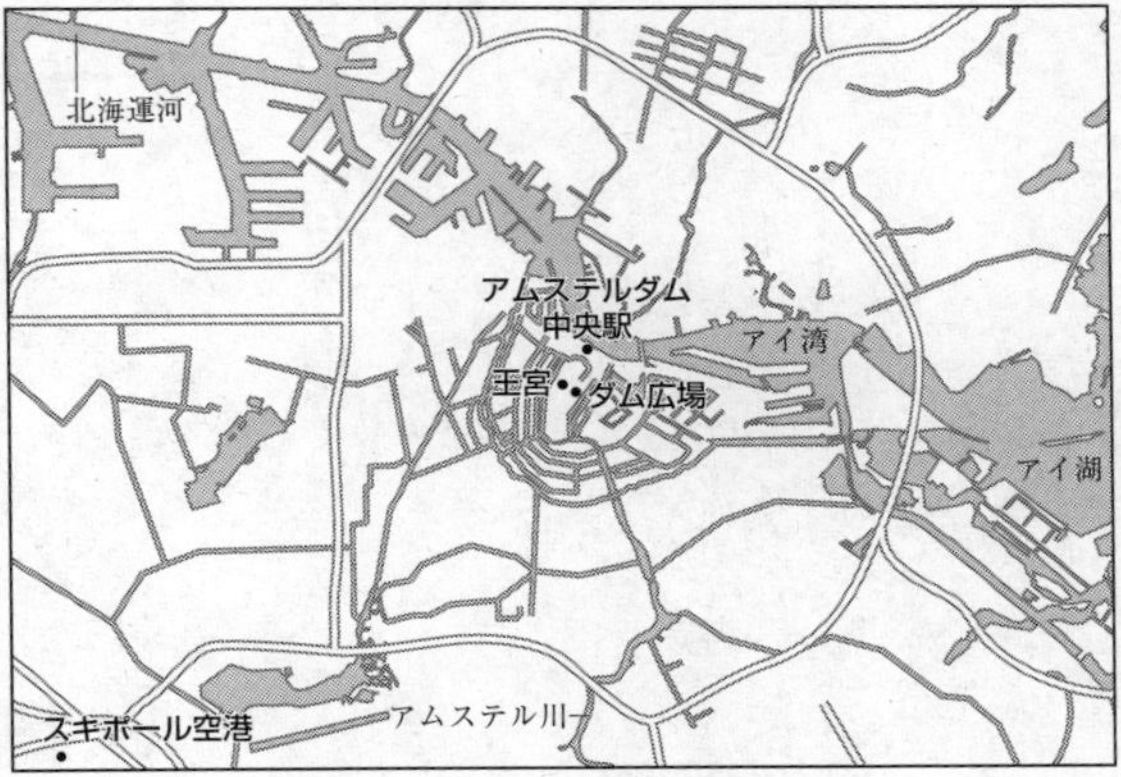

アムステルダム中央駅がある場所にかつて港があり、船が出入りしていた。

旧市街運河地区のさらに周りには、環境整備によりつくられた都市拡張計画区域が存在します。この計画は、19世紀後半のアムステルダム市公共事業局の技師J・カルフの発案にもとづいています。

人口の過密によって当時の市街地の衛生面と住宅事情が悪化したため、郊外に格子状に道路が走る住宅地が新たに建設されました。

そして現在も移民に対応するため、アイ湾の人工島や、アムステルダム北部、西部、東部に集合住宅が建てられ、ニュータウンを形成しています。つまりアムステルダムは、古い地区を中心として同心円状に拡張し続けているのです。

ロンドン

―― London ――

19世紀に「世界の中心」となった都

世界に君臨する「大英帝国」が成立する以前より、ロンドンには人々が集まり、じょじょに規模を拡大させていく。そして、大英帝国の首都として、ふさわしい姿を世界に示した。

しかし、そこにたどりに着くまでには、災害を乗り越え、計画的に都市を大きく改造してきたのだった。

現在属する国：グレートブリテンおよび北アイルランド連合王国（イギリス）

人口：約918万人（2019年時点）

一国家の首都であり連合国家の首都

イギリスの正式な国名は「グレートブリテンおよび北アイルランド連合王国」といいます。ブリテン島の中部・南部のイングランド、北部のスコットランド、西部のウェールズ、アイルランド島北部の北アイルランドによる連合体が「イギリス」です。

ロンドンは連合国家イギリスの首都であると同時に、イングランドの首都でもあります。ロンドンがイギリスの首都となったのは、イングランドが主導的な立場でほかの3カ国を併合していったからです。

紀元前700年ころ、のちにロンドンと呼ばれる土地にヨーロッパ大陸から渡ってきたケルト人が居住しはじめました。しかし、やがてブリテン島南部にローマ人が進出、征服します。ローマ人はブリテン島南部の各地に駐屯地となる町を築き、放射状の道路で町同士を結びます。その中心となった町が「ロンディニウム」です。ブリテン島南部、全長338キロメートルのテムズ川の下流の河畔に位置します。

ロンディニウムは、ローマ軍がブリテン島に上陸するための港として、紀元後43年にテムズ川の北岸に沼地を埋め立てて建設されました。ロンディニウムという名称は、ケルト語の「沼地の砦」からきているという説があります。その後、ブリテン島中部・南部はローマ帝国の属州「ブリタニア」として発展し、その州都ロンディニウムは属州ブリタニアで採れた穀物を大陸へと送る拠点となりました。

ローマ人は征服地に自分たちの文化を持ち込みました。そのため、ロンディニウムには交易のための港湾施設や公衆浴場が建設されます。

5世紀、本国の内紛によってローマ人が撤退すると、大陸からゲルマン系のアングロ・サクソン人が渡来するようになります。アングロ・サクソン人は、ブリテン島中部・南部を支配し、7つの王国を建てました。このころ、ロンディニウムは「ロンドン」と呼ばれるようになります。

9世紀ごろより北欧のデーン人の侵攻を受け、7王国のうちウェセックス王国を残してブリテン島の中部と南部は征服されます。ウェセックス王アルフレッドには、デーン人の侵攻を押しとどめ、ロンドンを奪還しています。のちにアルフレッドの孫にあたるアゼルスタン王がブリテン島の中部と南部（イングランド）を統一し、イングランド王の称号を用いるようになりました。

1015年には、デンマークのカヌート率いるデーン人が、再びイングランドに侵攻し、征服します。翌年にカヌートはイングランド王に即位しました。

政治の中心地

カヌートが没すると、アゼルスタンの子孫にあたるエドワード王が1042年に即位し、テムズ川の左岸に「ウェストミンスター寺院」を建てました。

1066年、フランスのノルマンディー公ギョームがイングランドに攻め寄せ、イングランド王ウィリアム1世として即位します。この結果、イングランドにはフランス文化が流入し、ノルマン人貴族がイングランド貴族の領土を支配するようになりました。このできごとをノルマン・コンクエストといいます。

ウィリアム1世の即位（戴冠式）は、ウェストミンスター寺院で執り行われました。以降のイングランド王のほとんどの即位式がこの寺院で行われています。

11世紀にはウェストミンスター寺院の横に、「ウェストミンスター宮殿」が建設されます。1295年には、のちのイングランド（イギリス）議会のモデルとなる模範議会が国王エドワード1世によりこの宮殿で開催されました。そして、1529年にヘンリ8世が王宮をホワイトホール宮殿に移して以来、現在に至るまでウェストミンスター宮殿は国会議事堂として利用されています。

こうして、戴冠式が行われる寺院と議事堂のある宮殿が存在するウェストミンスター地区は、イングランド（イギリス）政治の心臓部として、およそ1000年にわたって機能し続けています。

さらに、ウェストミンスター地区内のダウニング街には、10番地に首相官邸、11番地に蔵相官邸などが集中するほか、イギリス女王であるエリザベス2世が居住する「バッキンガム宮殿」が存在します（週末はロンドン郊外のウィンザー城に居住）。

大火災をきっかけに都市改造

ヘンリ8世の娘であり、1558年に即位したエリザベス1世のもとでイギリスの絶対王政は全盛期を迎え、テムズ川の南岸に新たな商業地区が形成されるなど、都市は拡張していきます。

チャールズ2世の治世下、ロンドンをふたつの災害が襲います。1665年にペスト（黒死病）が流行し、約7万5000人が病死したといわれています。翌年に発生した「ロンドン大火」では3日にわたって火の勢いは衰えず、セント・ポール大聖堂といった建物をはじめ、ロンドン市内の大部分が被災しました。

被害が拡大した理由は、家屋が木造だったこと、狭い土地を活用して何層も上に向かって増築していたことなどです。そして鎮火に時間を要したのは、前年からの干ばつや、折からの強風の影響もありますが、テムズ川の河畔まで家屋が密接に立ち並び、放水用の水が確保できなかったためとも考えられています。

この大火を踏まえ、チャールズ2世はクリストファー・レンら建築家に、都市の再建にあたらせます。法整備も進められて「再建法」が制定されました。道幅が拡張されたほか、建物の階数は制限され、煉瓦と石造り以外の建築物を新たに建てることが禁止されます。

こうして住環境は改善し、ペストなどの疫病が発生しなくなります。この機に悪臭を発していたテムズ川沿いの工場群を市外へと移転させ、川と建物の間に空間を設けて荷揚げ場所とし、増加する舟運に対応できるようになりました。

また、それまでは海上保険のみであった損害保険を、火災被害まで保証するようにします。1680年に世界初の火災保険会社「ファイア・オフィス」が設立されたのを皮切りに、次々に火災保険会社が生まれました。

火事はロンドンを中世都市から近代都市へと生まれ変わらせるきっかけとなりました。ロンドンの人口は増加を続け、1600年には20万人だったのが、1700年には50万人を超え、ヨーロッパ最大級の都市になりました。

「大英帝国」の首都

世界各地に植民地を擁して「大英帝国」と呼ばれるようになったイギリスは、1837年に即位したヴィクトリア女王の治世に繁栄を極めます。

19世紀には列強各国の要人を招き、「ロンドン会議」や「ロンドン軍縮会議」といった国際会議がロンドンで開かれています。世界最初の万国博覧会である「ロンドン万国博覧会」を1851年に開催し、イギリスの国力を世界に示しました。

1884年にはロンドン郊外の「グリニッジ天文台」を通る子午線を経度0度とし、

17世紀のロンドン市街

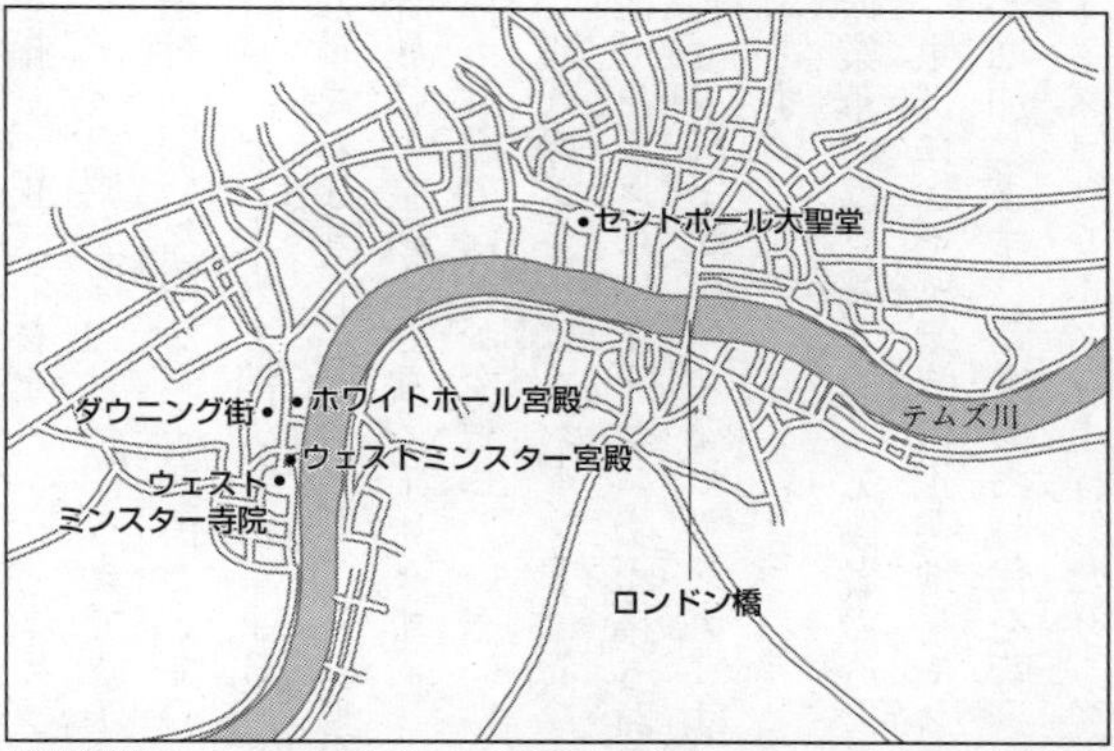

大英図書館所蔵「A plan of the city and suburbs of London as fortified by Order of Parliament in the years 1642 and 1643」を参考に作成

このころにはすでにウェストミンスター地区が政治の中心だった。

世界の標準時間「グリニッジ標準時」を定めます。この時点でロンドンは、地理的に世界の中心となったのです。

このころには18世紀後半から本格化した産業革命により、機械制工業が発展し、生産性が格段に向上。資本主義社会へと移行し、イギリスは「世界の工場」と呼ばれます。産業革命は大きな海外市場や潤沢な労働力、そして金融市場が発達していたことが成功の要因といわれています。

この金融市場は「シティ」といい、現在でもロンドンにおける経済の中心部です。ウェストミンスター地区の隣に位置する広さ約2・9平方キロメートルの地域を指し、正式名称を「シティ・オブ・ロンドン」といいます。

シティの成立は12世紀ごろまでさかのぼります。商人が集まった地区にイタリア人が銀行を開いたのが、金融街としてのスタートです。その後、1571年に王立取引所（ロンドン大火で消失）が、1694年にイングランド銀行（イギリス中央銀行）が設置されます。現在ではロンドン証券取引所、ロイズ保険組合本社ビルなどがあり、世界屈指の金融街となっています。

都市計画で郊外が変貌していく一方で、シティは独立性の高い自治を維持しています。現代のシティはロンドンとは異なる市長が政務を執り、独自の警察組織も存在します。シティにはイギリスの王権もおよばず、王族であろうとシティ市長の許可がなければ入れません。すなわちシティは、ロンドンの中にある、別のロンドンともいえるのです。

産業革命はロンドンに労働者の流入を招きました。ロンドン西部には富裕層が居住し、東部には過密気味の工業地帯やスラム街が形成され、コレラなどの疫病や犯罪の数が増加します。こうした時代を背景にコナン・ドイルが探偵小説「シャーロック・ホームズ」シリーズを上梓したり、悪名高い切り裂きジャック事件が起こったりしています。

当時のロンドンは「霧の都」と呼ばれていました。この霧は、化石燃料の燃焼で拡散した煙や煤《すす》などの大気汚染物質が原因とされています。この大気汚染は20世紀半ばまで続き、1952年12月のロンドンでは足元も見えないくらいに濃く、その年に気管支疾患で命を失った人は1万2000人におよんだといいます。

ドイツ軍の空襲で甚大な被害

人類史上初の世界戦争となった第一次世界大戦は1914年に勃発しました。飛行船や航空機が兵器として用いられ、ロンドンはドイツ軍の爆撃を受けます。1915年5月の飛行船による空爆では7人の死者と35人の負傷者が出るなど、対抗手段のなかったロンドン市民を恐怖に陥れました。

イギリスは第一次世界大戦の戦勝国でしたが、戦災に加えて植民地の独立運動が活発化したため国力は衰えます。

1939年に勃発した第二次世界大戦では、バトル・オブ・ブリテンと呼ばれる航空戦の戦場となり、ロンドンはドイツ空軍による激しい空襲（ザ・ブリッツ）にさらされます。世界初の弾道ミサイルであるV2ロケットも撃ち込まれます。V2ロケットに対する有効な迎撃方法は存在せず、市街地は甚大な被害を受けました。

世界のニュータウン建設のモデルに

第二次世界大戦の終結が見えてきた1944年、「大ロンドン計画」が動きだします。この都市計画の目的は、空襲で被害を受けたのを機に、産業革命以来となるロンドンにおける人口集中と建物の過密状態の解消です。

大ロンドン計画の骨子は大きく3つに分けられます。「緑化地帯（グリーンベルト）」と「ニュータウン法」、そして「職住近接」です。すでに存在する市街地の周りにグリーンベルトを設け、その外側にニュータウンを建設するという内容でした。

緑化地帯はロンドン中心部から30～50キロメートルの一帯に設けられました。続いて1946年には、郊外への無計画な拡大を制限したうえで、仕事と居住性、レクリエーションといった機能がある都市の建設を目的とした「ニュータウン法」が制定さ

現在のロンドンの中心市街

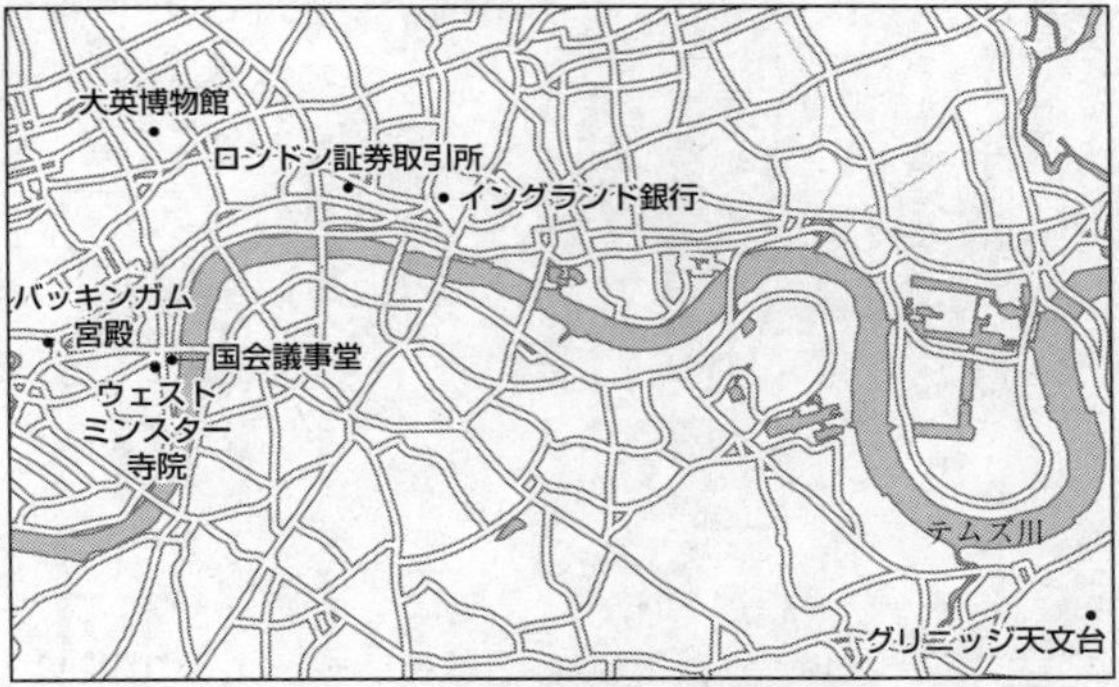

シティはイギリス経済の中心地であり、中央銀行と証券取引所がある。

れます。

そうしてロンドン郊外には、スティーブニッジやハーロウといった合計8万〜10万人規模の8つの町がニュータウンとして指定を受け、開発されました。

ニュータウンでは、工場などの職場と居住地が同一街内にあり、移動する必要がなく、高い利便性を生み出します。

ロンドンは世界の中心としての地位こそ失いましたが、日本初のニュータウン「千里ニュータウン」(大阪府)や「多摩ニュータウン」(東京都)をはじめ、世界各国のニュータウン建設のモデルケースとなるなど、第二次世界大戦後の都市開発にも大きな影響を与えたのです。

ニューヨーク
——New York——

超大国アメリカを象徴するメガシティ

現代では高層ビルが立ち並び、格子状に道路が走るニューヨーク。世界的な政治、経済、文化の中心都市でもある。

しかし、19世紀初頭には現在の繁栄ぶりからは想像もできないほど空き地の多い、人口10万人程度の都市でしかなかった。それがアメリカ最大のメガシティに変貌できたのには、とある市長の先見の明と決断があったからだ。

現在属する国：アメリカ合衆国
人口：約860万人（2019年時点）

アメリカ移民の玄関口

ニューヨーク市はアメリカ最大の都市です。人口は国内1位、地価も国内最高額、そして物価も国内で一番高い地域です。

2019年に発表された、経営コンサルティング会社A.T.カーニーによる経済、文化、政治などを数値化して世界の各都市を比較した調査で、ニューヨーク市が世界一競争力と影響力のある都市に輝きました。

そんなニューヨーク市は、アメリカ合衆国東部ニューヨーク州に属し、大西洋に面した都市です。ハドソン川とイースト川の河口の合流地点に位置します。北緯約41度、西経約74度にあたり、ちょうど青森県と同じぐらいの緯度で、冬は寒くはありますが、積雪は青森県ほどありません。年間を通しての気候は東京に似た感じといいます。

現在、アメリカの人口は約2億人です。その9割が19世紀末から20世紀初頭にかけ渡米してきた移民の末裔だといわれています。

当時ニューヨークのアッパー湾のエリス島には、アメリカ移民局が置かれていました。ヨーロッパなどから船で渡ってきた移民が、上陸前にまず目にする光景が、エリス島の横、リバティ島に立つアメリカの象徴「自由の女神像」でした。移民者はエリス島での移民審査後、晴れてアメリカ国民になったのです。ニューヨークは、移民国家アメリカのヨーロッパからの玄関口でした。

ヨーロッパからの移民が安価な労働力となり、軍需や自動車などの産業規模を飛躍的に拡大させ、1894年には工業生産力でイギリスを抜き世界一となります。20世紀半ばには世界の総生産の半分以上を占めたのです。しかし近年は中国に抜かれています。

交通需要の変化で遠距離の移動手段が船舶から航空機に移行し、海外からの渡航口はニューヨーク市南東のジョン・F・ケネディ国際空港や、ラガーディア空港などに変わったものの、ニューヨークはアメリカの玄関口であり続けています。

アメリカ最初の首都

1492年にコロンブスがアメリカ大陸に到達し、ヨーロッパで知られるようになりました。ただ、コロンブスはずっと、この大陸をインドだと思い込んでいました。

新大陸到達によりヨーロッパ各国が貿易や資源を目的として南北アメリカ大陸に進出します。積極的に北アメリカに進出したのはイギリスとフランスでしたが、オランダも西インド会社を設立し貿易に乗り出しました。

1625年にオランダ西インド会社はマンハッタン島に進出し、その半島を第二のアムステルダムということで「ニューアムステルダム」と名づけ、ビーバーなどの毛皮貿易の拠点としました。これがニューヨークとしてのはじまりです。

一説では、マンハッタン島にはネイティブアメリカンがいましたが、オランダ人は彼らから、当時24ドル相当のガラスビーズと引き換えにマンハッタン島を譲り受けたといわれています。

その地にオランダ人は壁を建設しました。この壁のあった場所にのちに通りができます。今日では世界の金融の中心地となっている「ウォールストリート」です。

17世紀のイングランドでは、王位にあったチャールズ1世がイングランド国教会への信仰を強制し、清教徒を迫害していました。1620年には清教徒がメイフラワー号で北米大陸に渡ります（ピルグリム・ファーザーズ）。1640年、チャールズ1

世の専制的な政治によって清教徒（ピューリタン）革命が発生します。革命を主導したクロムウェルの一派がチャールズ1世を処刑したことで王政は倒れ、一時、イングランドは共和政に移行しました。しかしクロムウェルの死後、チャールズ1世の子であるチャールズ（2世）が即位して王政にもどります。

その間もイングランドの北米大陸での植民地化は進み、同じく北米大陸に植民地を持つオランダと対立するようになります。1664年、イギリス王チャールズ2世の弟ヨークがニューアムステルダムに軍艦を派遣します。軍艦を見た住民は降伏し、イギリス領となりました。ヨーク侯にちなんで地名を「ニューヨーク」と改めます。

1672年に勃発した仏蘭戦争でイギリスがフランスにつくと、1673年にオランダがニューヨークを奪還し、「ニューオレンジ」と改名します。とはいえ、翌年にはイングランドが再び占領し、ウェストミンスター条約によってマンハッタン島は恒久的にイングランド（イギリス）の領土となりました。

このような歴史から今もニューヨークにはオランダの名残が見られます。ニューヨーク市旗の右端はオランダを象徴するオレンジ色です。また、マンハッタン・ハーレム地区の名の由来は、トルコ語のハーレムでなく、オランダ人入植者の出身地ハールレムです。

このころのイギリスは世界各地で戦争を行っていて、その戦費調達のために植民地に重税を課すようになります。北米大陸の植民地の人々も反発し、1773年のボストン茶会事件をきっかけとして、アメリカ独立戦争が勃発しました。ニューヨークもイングランド軍の拠点となります。大西洋に面した地理のため、イングランド本国との往還に便利で貿易港として発展していたからです。

フランスやオランダなどを味方につけたアメリカが勝利し、イングランドからの独立を果たします。シンボルであるニューヨークの自由の女神像は、独立100周年を記念し、友好の証しとして1886年にフランスから贈られたものです。

ニューヨークは1788年9月13日にアメリカ合衆国の初代首都に制定されました。その翌年にジョージ・ワシントンがウォールストリートの合衆国議会議事堂で初代大統領に選ばれます。1790年に仮の首都であるフィラデルフィアに遷都されるまでのわずか1年ですが、首都だったのです。

ニューヨークが首都でなくなった理由には、経済都市として成長著しいニューヨークに首都機能を置くと発展のさまたげになると考えられた、13あった植民地(13州)

間で軋轢が生じないよう新たな首都を建設する必要があった、沿岸だと海外勢力から攻められやすいという防衛上の懸念があった、などともいわれています。

ニューヨーク市とマンハッタン

19世紀前半に金融業が発達し、ニューヨークではプロテスタント中心の安定した中流階級社会がつくられます。このような社会を背景に、ハドソン川を経て工業地域である五大湖とニューヨーク港を結ぶエリー運河が建設されます。荷車より便利な運河の活用で、生産品の輸送費用は大幅に削減され、貿易額が増加しました。

さらに、マンハッタン島に格子状の道路網を建設する都市計画も実行されます。1811年に「史上最も偉大なニューヨーカー」と称されたニューヨーク市長デウィット・クリントンは、将来人口が100万人を超えることを想定し、2000以上の街区をつくる計画を立てたのです。

この計画により、マンハッタン島には約30メートルの間隔で南北にのびる「アベニュー」が12本、それより短い間隔で東西にのびる「ストリート」が155本つくら

ニューヨーク市の区分け

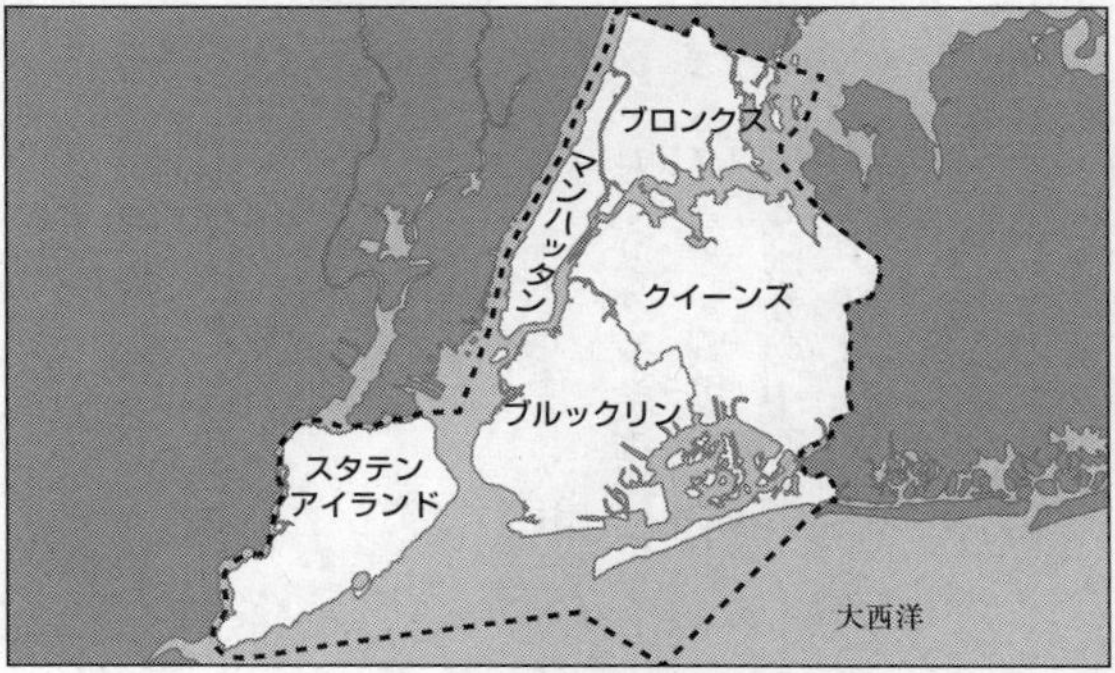

スタテンアイランド区を除く4区は、島か島の一部からできている。

れたのです。その結果、1835年にはフィラデルフィアを抜き、全米最大規模の都市となりました。

現代のニューヨーク市は、マンハッタン、ブルックリン、クイーンズ、ブロンクス、スタテンアイランドの5つの区で構成されています。1891年にニューヨーク市が周辺の地域を併合して市域を広げた際に生まれました。

通常、アメリカの地方行政区分においては州の下に〝郡〟、郡の下に〝市町村〟が置かれますが、ニューヨーク市は特殊で市の下に〝郡〟があります。これは区が設置されたときに郡政府が廃止され、市に統合されたからです。

区と郡の区域は一致し、マンハッタンは「ニューヨーク郡」、ブルックリンは「キングス郡」、クイーンズは「クイーンズ郡」、ブロンクスは「ブロンクス郡」、「スタテンアイランド」は「リッチモンド郡」でもあります。行政機関としての機能は区が担い、郡はほとんど機能しておらず、地方検事が郡役人として公選されるくらいです。

5つの区の中で、マンハッタンはマンハッタン島の南側突端にある地区です。ニューヨーク市の中心であり、私たちのイメージするニューヨークそのものといってもよいでしょう。

ここには、ニューヨーク市庁舎のほか、国際連合（国連）本部ビル、セントラルパーク、メトロポリタン美術館やアメリカ自然史博物館、「世界の交差点」と呼ばれるタイムズスクエア、劇場街であるブロードウェイやショッピングストリートの五番街、世界の金融と証券の中心地ウォールストリート、ロックフェラーセンターをはじめとする高層ビルが立ち並ぶ摩天楼（スカイスクレーパー）が位置します。

なぜ、マンハッタンに多くのビルが建てられたのかというと、地盤が固く、高層建築に向いていたからです。また、それまでの石造りから、鉄骨構造によって階層を重ねることができる工法が発達したことも理由です。

マンハッタン区の中心市街

マンハッタン島の中央部から南部に、著名な観光地が集中している。

マンハッタンで高層ビル群の建設がはじまったのは1900年前後。1920年代後半になるとビルの建築ラッシュとなりました。

1930年に高さ283メートルの「ウォールタワー」や、高さ320メートルの「クライスラービル」、翌年には高さ443メートル、102階建ての「エンパイアステートビル」が完成します。1972年に「ワールドトレードセンタービル」に抜かれるまで世界一高いビルでした。

地上ではビルが乱立する一方、1904年には地下鉄が開通しました。人口増加と馬車による道路の交通渋滞が頻発するようになりましたが、地上を開発するのは困難だったからです。最初はロウアーマンハッタンとハーレムを結ぶ14・6キロメートルの路線でした。1920年代にはその数十倍の総延長となり、現在では24時間営業で、マンハッタンを中心に市全域にのびる総路線長375キロメートル、年間乗降客数17億人のマンモス地下鉄となったのです。

1940年代以降、新路線はつくられていませんでしたが、2017年、およそ70年ぶりに「セカンドアベニュー線」が開通しています。

20世紀、冷戦終結を経て、世界唯一の超大国となったアメリカですが、2001年9月11日のアメリカ同時多発テロ事件でニューヨークも甚大な被害を受けてしまいました。しかし、すぐに復興に向け尽力し、新たなワールドトレードセンタービルが建てられています。「世界の首都」の異名も持つニューヨーク市では、過去のみならず現代でもさまざまな人種が流入し、多様な文化が混じり合って、新しい文化を創造し続けているのです。

ワシントンD.C.

―「建国の父」にちなんだ首都―

ワシントン州とよく混同されやすいアメリカ合衆国の首都ワシントンD．C．は、正式名称を「ワシントン・コロンビア特別区（District of Columbia）」といいます。

ワシントン州がカナダとの国境を接した西海岸の太平洋沿いにあるのに対して、ワシントンD．C．は東海岸側のメリーランド州とバージニア州の境に位置し、どの州にも属さない政府の直轄地です。

どちらの地の由来も、アメリカの「建国の父」のひとりに数えられる初代大統領ジョージ・ワシントンであり、「コロンビア」はアメリカ大陸の発見者とされていたクリストファー・コロンブスから取られています。

１７９０年にジョージ・ワシントンが現在の地に新たな首都の建設を提案。フランス人技師のもとで、碁盤目状になるよう区画は整理され、そこを対角線状に貫通する大通りが通されるよう計画されました。

１８００年に完成し、以後、首都として現在に至るまで機能しています。

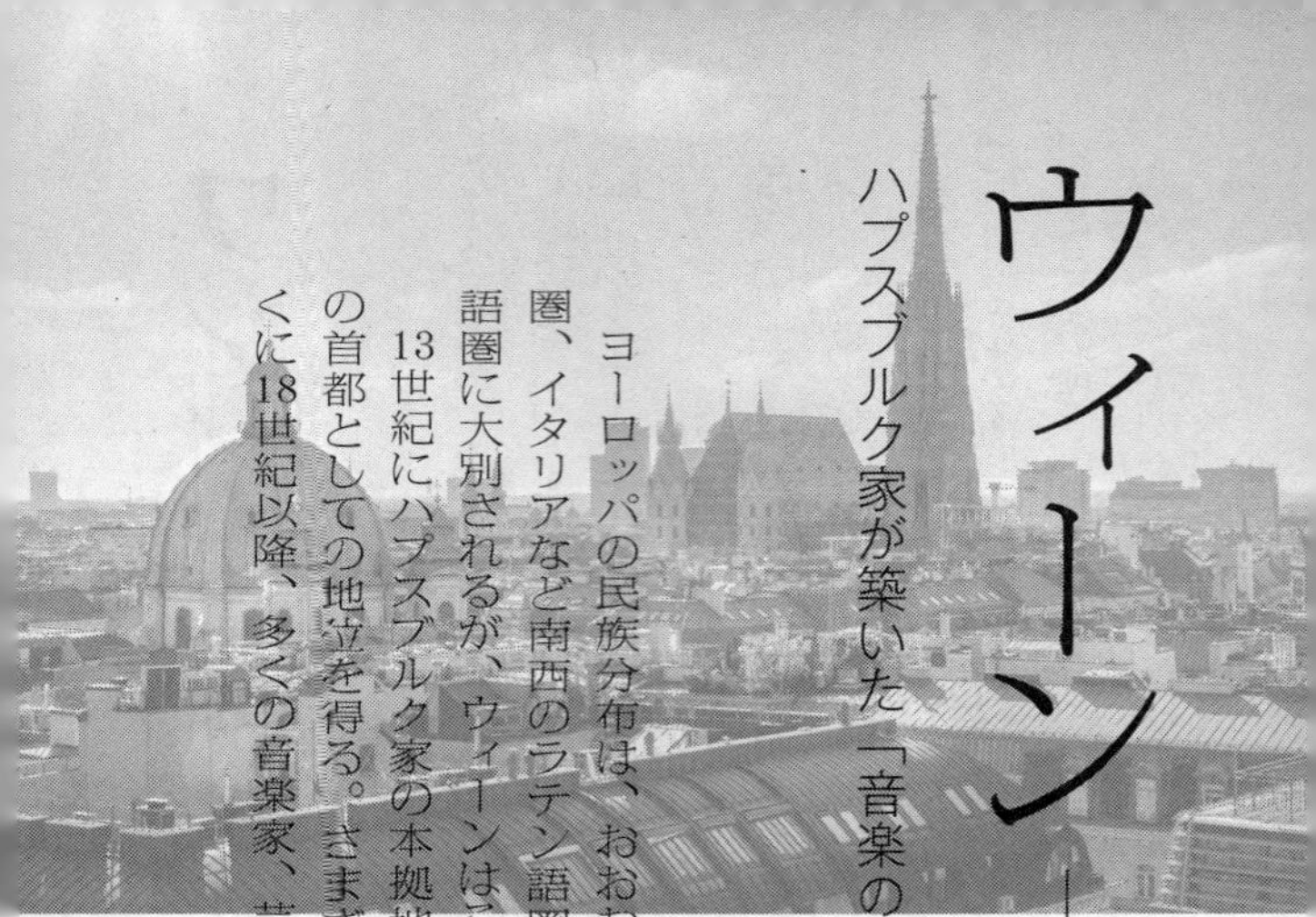

ウィーン ―Vienna―

ハプスブルク家が築いた「音楽の都」

ヨーロッパの民族分布は、おおむねドイツなど北西のゲルマン語圏、イタリアなど南西のラテン語圏、ロシアやほかの東部のスラブ語圏に大別されるが、ウィーンはこの3地域のほぼ中間にあたる。13世紀にハプスブルク家の本拠地となり、やがて神聖ローマ帝国の首都としての地位を得る。さまざまな民族が流入する帝都は、とくに18世紀以降、多くの音楽家、芸術家、学者を輩出した。

現在属する国：オーストリア共和国
人口：約192万人（2019年時点）

ローマ帝国時代から物流の要衝

ハイドン、シューベルト、モーツァルト、ベートーヴェンなど名だたる作曲家が活躍したウィーンは「音楽の都」として名高い一方、「森の都」という異称でも知られています。実際に航空写真を見ると、市北部のアウガルテン公園や中央部を流れるドナウ川に沿った一帯など、非常に緑が多いことがわかります。

古代にヨーロッパの西部を支配していたローマ人は、ライン川とドナウ川をヨーロッパ東部に住むゲルマン人の勢力圏との境界線とし、ドナウ川とウィーン川の交わる地に軍の駐屯地を築きました。ここは「ウィンドボナ」と呼ばれ、ヨーロッパ北部で使われていたケルト語で「森の小川」を意味したといいます。

のちにウィーンとなるウィンドボナは、北のバルト海地方で産出される琥珀《こはく》や毛皮などを南の地中海沿岸へ運ぶ「琥珀街道」と、西欧と東欧を結ぶ「ドナウの道」が交差する物流の要衝でした。ゲルマン人の間では、この町はウィーンまたはヴェアンと呼ばれるようになります。

3世紀には人口が約1万~2万人の自治都市にまで発展し

ますが、476年に西ローマ帝国が解体されて以降は荒廃しました。

8世紀にフランク王国のカール（大帝）は、ウィーンを中心とする一帯を「オストマルク（東方辺境領）」と名づけて、地方行政官の辺境伯に統治させました。このオストマルクはのちに「オーストリア」と呼ばれるようになります。

11世紀に十字軍の遠征がはじまると、西欧から中東に向かう中継点としてウィーンの重要性が高まり、しだいに商業都市としての活況を取りもどしました。12世紀に入ると、南ドイツの貴族であったバーベンベルク家がオーストリア支配の拠点としてウィーンに王城を築き、現在の市の中心部にあたる約3平方キロメートルの範囲を市壁で囲みます。バーベンベルク家は1246年に断絶し、その領地はボヘミア（現在のチェコ西部）を治めていたオタカル2世の手に渡りました。

最初は市民に好かれなかった

現在のドイツにあたる地域では、10世紀にカトリック教会を後ろ盾とする神聖ローマ帝国が形成されました。1273年には、スイスを本拠地とするハプスブルク家のルドルフ1世が神聖ローマ皇帝に即位し、5年後にはオタカル2世を破ってオーストリアを手に入れます。ルドルフ1世はオーストリアの支配を確実にするため、ウィーンに遷都しましたが、ハプスルブルク家はよそ者だったうえに、それまでの商人の自治権を奪ったためウィーン市民の反発を受けました。

14世紀のウィーンはペスト（黒死病）の大流行で多くの市民が病死するなどの災厄に見舞われますが、高さ136・7メートルの塔を備えたシュテファン大聖堂や、ドイツ語圏では最古の大学であるウィーン大学などが築かれ、中欧屈指の大都市に成長します。

さらに、1438年以降はハプスブルク家がほかの有力諸侯を抑えて神聖ローマ帝国の皇位をほぼ独占し、ウィーンは皇帝のお膝元となりました。

帝都としての地位を得たウィーンは、中世後期にはローマと並ぶカトリック文化圏の中心地となり、多くの商人や聖職者や学生が集い、異教徒であるユダヤ人の商工業者も大量に居住していました。市内ではカトリックの聖餐《せいさん》（パンとワインを使うキリスト教の儀式）にも使われるワインが大量に醸造され、ドナウ川を通じてヨーロッパ各地に流通しました。

オスマン帝国を2度にわたり退ける

神聖ローマ帝国はたびたびイスラム教徒などの外国勢力におびやかされ、13世紀には、モンゴル帝国が一時的に、ウィーンから350キロメートルほど北のワールシュタット（現在のポーランドのリーグニッツ）にまで迫りました。

15世紀以降は、地中海やバルカン半島での覇権をめぐってイスラム王朝のオスマン帝国との衝突が多発します。オスマン帝国はフランスと同盟を結び、1529年に12万の大軍でウィーンを包囲しました。オスマン帝国軍は大型の大砲を持ってこなかったので市壁を突破できず、長期戦を避けて冬が来る前に撤退しました。この「第一次ウィーン包囲」を機に本格的に市壁が強化されます。また、ペストの流行や大火事に備えるため、1565年には上水道が整備されました。

1618年には三十年戦争が勃発して、各地で新教（プロテスタント）を信仰する諸侯が反乱を起こし、ウィーン市内でも新教徒の市民が皇帝を支持するカトリックの市民と衝突します。さらに、新教国のスウェーデン軍がウィーンのすぐ北まで迫りますが、同盟関係にあるハンガリー軍が到着せずスウェーデン軍は撤退しました。
三十年戦争で神聖ローマ帝国の国際的影響力が衰えたのちの1683年には、オスマン帝国による「第二次ウィーン包囲」が行われます。

14世紀のウィーン

岩波書店『ウィーン 都市の近代』p18をもとに作成
防衛力向上のため、内外に市壁が設置されている。

オスマン帝国は第一次を上回る20万もの大軍を送り込みますが、ローマ教皇の呼びかけで、ポーランドやスペインなどのカトリック教国の援軍がウィーンに集結。ポーランド騎兵らの活躍でオスマン帝国軍は撃退されます。2度のウィーン防衛は、キリスト教圏がイスラム教圏より優位に転じる節目となりました。
なお、撤退したオスマン帝国軍が残した物資にはコーヒー豆があり、これが後年にウィーンで花開くカフェ文化をもたらします。

2度にわたってオスマン帝国を撃退したことから、ウィーン市内ではハプスブルク家の威信と市民の安心感が高まり、住人も増加して建築が活発になります。17世紀末には市の南西に1・7平方キロメートルもの敷地を持つシェーンブルン宮殿が改築され、市域は壁外のリーニエ（市壁）と呼ばれる地域まで拡大しました。加えて、街灯が整備されたことで夜も安全に歩けるようになり、市内の治安は大幅に改善します。

母子2代で進められた都市改造

1740年、マリア・テレジアがハプスブルク家当主となり、1745年に夫のフランツが神聖ローマ皇帝に即位しました。軍事力で北ドイツの新興勢力プロイセンにおびやかされていたマリア・テレジアは、ウィーンの貴族や大商人、友好国からの訪問者の支持を得るため、観劇会や音楽会などの文化イベントに力を入れます。楽劇に関わる音楽家は政府から手厚い支援を受け、大いに腕を振るうことになりました。

また、出版物の検閲制度も緩和され、市内では新聞や雑誌の刊行が活発になり、ウィーンには自由な表現活動を求める文化人が多く集まるようになります。

マリア・テレジアの息子ヨーゼフ2世は母より先進的な啓蒙専制君主で、市内で皇帝一族の狩猟場だったプラーター地区を市民に開放し、普段着で市内の緑地を散歩しました。ヨーゼフ2世は1781年に宗教寛容令を発して、新教徒やユダヤ教徒の活動を大幅に緩和し、ウィーンはますます多様な民族が集まる街になっていきます。

このころ、ウィーンの人口は近隣地域も含めて約20万人におよび、ヨーロッパではロンドン、パリ、ナポリに次ぐ大都市となっていました。

18世紀末、西部のボンから来たベートーヴェンがウィーンで活躍します。彼が交響曲「英雄」のモチーフとしたナポレオンは、1805年にウィーンを占領しました。これにより、皇帝フランツ2世は退位し、神聖ローマ帝国は解体されましたが、1804年に成立していたオーストリア帝国の皇帝であり続けました。ナポレオンはこの4年後もウィーンに進駐し、滞在中は観劇を楽しんだり、ハイドンを追悼する演奏会に出席したりしました。

1814年にナポレオンが失脚すると、ヨーロッパ各国はナポレオン戦争の事後処理のためウィーン会議を開催しますが、なかなか議論がまとまらず、連日のように舞踏会がくり返されるばかりで、「会議は踊る、されど進まず」と評されました。結局、オーストリア外相メッテルニヒの主導によって、フランスの王政復古と各国の勢力圏が定められました。この枠組みはウィーン体制と呼ばれます。

ウィーン体制はヨーロッパ各国の王族による保守的な秩序の回復をはかりましたが、1848年にはフランスで二月革命が勃発し、その動きはヨーロッパ各地に広がってウィーンにも飛び火します。市内では労働者が暴動を起こし、鎮圧に出動した軍隊は市の中心を囲む壁にはばまれて進軍に手間取りました。加えて、疫病の蔓延などが問題視され、中世以来の市壁が撤去されます。1865年、市壁の跡に全長約4キロメートルの環状道路「リングシュトラーセ（リング通り）」が築かれ、同時期には、ウィーン王立歌劇場（現在は国立歌劇場）が完成しました。

名だたる文化人が集まる

オーストリア帝国の公用語はドイツ語でしたが、19世紀当時の版図は、西スラブ語圏に属するチェコやポーランド、南スラブ語圏に属するクロアチアやボスニア・ヘルツェゴビナ、アジア系のマジャール語が使われるハンガリー、ラテン語圏であるルーマニアの一部などを含んでいました。１８５９年には帝国領内での移動が自由化され、これら各地の諸民族がウィーンに流れ込んできます。１８９０年のウィーンの人口は約１３６万人で、このうちウィーン生まれの市民は45％にすぎませんでした。

現在のウィーンの中心市街

岩波書店『ウィーン 都市の近代』p61をもとに作成

かつて設置されていた内外の市壁は、都市改造の際に取り除かれ、外の市壁の跡にはリング通りがつくられた。

たとえば、ウィーンで活躍した音楽家のシューベルト、精神分析医のフロイトは、いずれもモラヴィア（チェコ東部）の出身です。哲学者のウィトゲンシュタインのように、ウィーンで生まれ育ち成人後は海外で活躍した人もいます。19世紀末から20世紀はじめのウィーンは、このほか音楽家のマーラー、画家のクリムト、小説家のホフマンなど多彩な人々により「世紀末ウィーン」と呼ばれる文化潮流を生み出しました。

第一次世界大戦の直前には、後年にドイツとソビエト連邦（ソ連）の指導者として衝突するヒトラーとスターリンが同時に、ウィーンに滞在していました。当時のウィーン市長ルエーガーは、市内に多民族が混在する状況や、ハプスブルク家が財務に秀でたユダヤ人の官吏を重用していたことに不満を抱き、排外的な反ユダヤ主義を強く唱えています。青年期のヒトラーはルエーガーの影響を受けていたといわれ、ウィーンの美術大学の入試に落ち、ユダヤ系の芸術家に反感を抱いたともいわれています。

第一次世界大戦の終結後、1918年にオーストリアは共和政に移行し、ハプスブルク家は約600年にわたるウィーンの主の座から降りました。

1938年には、ナチス・ドイツがオーストリアをドイツに併合します。このため枢軸国の都市となったウィーンは、第二次世界大戦後はアメリカやソ連など連合国によって分割占領されました。戦後のオーストリアはドイツから分離し、1955年に占領が解除されると、東西両陣営のいずれにも属さない永世中立国を宣言しました。その後、1995年にヨーロッパ連合（EU）に加盟しています。

ハプスブルク家によって豊かな文化が培われたウィーンは、現在もさまざまな民族が流入し、音楽の都、森の都として多くの観光客の人気を集めています。

プラハ
―中世の面影が漂う「北のローマ」―

ハプスルブルク家が15世紀に神聖ローマ帝国の皇位を独占するまで、帝国の首都とされていたのがプラハです。

8世紀ごろから、ヴルタヴァ川（ドイツ語ではモルダウ）に面する一帯に町が築かれ、西欧と東欧の通商の要衝として栄えました。1355年、同地を治めるボヘミア王のカレル1世が神聖ローマ皇帝カレル4世として即位します。

この時期、長さ515メートルものカレル橋や、中欧最古の大学であるプラハ大学、数々の教会が築かれるなどして、ヨーロッパ各地から商人や学徒が集まり、「百塔の街」「黄金のプラハ」「北のローマ」と呼ばれました。

17世紀以降はハプスブルク家の支配を受け、18世紀のマリア・テレジアの治世で工業地帯として発展します。1918年にチェコスロバキアが独立して以降はその首都となり、1993年に東部のスロバキアが分離したのちも、チェコの首都となっています。

リオデジャネイロ

熱帯の美港に築かれたニュータウン

— Rio de Janeiro —

サンバのリズムにあわせて人々が踊るリオデジャネイロのカーニバルは、ブラジルを象徴するイベントとして人気が高い。

16世紀に開拓されたこの都市は、南米大陸からの金銀やコーヒーなどの輸出港として発展してきた。19世紀のはじめには、宗主国の首都になるという数奇な運命をたどる。多様な人種と階層が入りまじったリオの町は、サンバをはじめ数々の独自の文化を生み出した。

現在属する国：ブラジル連邦共和国
人口：約1,338万人（2019年時点）

世界で最も美しい港のひとつ

日本から見て地球の反対側に位置するリオデジャネイロは、大西洋岸に広がるグアナバラ湾に面します。エメラルドグリーンの海のすぐ背後にアマゾンの大森林が広がる海岸は、岬に「ポン・ジ・アスーカル（砂糖パン）」と呼ばれる巨大な奇岩がそびえる景観で知られ、アメリカのサンフランシスコ湾、オーストラリアのシドニー湾とともに「世界三大美港」に数えられることもあります。

南半球にあるため12月から4月が夏で雨季にあたり、夏の平均気温は摂氏27℃、冬でも22℃と沖縄県の宮古島と同じぐらいで、年間を通じて温暖な気候です。

この地では8世紀ごろから、沿岸部で漁業を営むタモイオ族、内陸の森林で狩猟を行うトゥピ族などの先住民が定住していました。

1502年1月、大西洋を渡ってきたポルトガル人の探検家ガスパール・デ・レモスの一行がグアナバラ湾に到達します。彼らはその地を川の河口だと思い込み、「1月の川」という意味の「リオ・デ・ジャネイロ」と名づけました。

ポルトガル人は当初、先住民の抵抗で入植地を築けませんでしたが、その間にフランス人が入植してきます。やがてフランス人とポルトガル人の抗争が起こり、ポルトガルが派遣したブラジル総督メン・デ・サの甥のエスタシオが、フランス人を追い返して、1567年にリオデジャネイロの町の基礎を築きました。

ブラジルは熱帯気候で小麦の栽培に適さなかったので、ポルトガル人は先住民を奴隷にしてサトウキビの大農場を開拓し、内陸で金やダイヤモンドの採掘を進め、リオデジャネイロはこれらの輸出港とされました。ポルトガルはブラジル植民地の首都を北部のサルヴァドルに置いていましたが、18世紀にはリオデジャネイロが経済の中心地となり、1763年には首都機能がリオデジャネイロに移されます。

ポルトガル王室が丸ごと移転

1807年、ポルトガルはナポレオンの率いるフランス軍の侵攻を受け、首都リスボンを占領されます。約1万5000人もの王侯貴族や官僚とその家族は、イギリス海軍の支援を受けて大西洋を渡り、リオデジャネイロに遷都しました。ヨーロッパの

ポルトガル・ブラジル・アルガルヴェ連合王国の版図

大西洋を挟んだふたつの大陸と、アフリカ大陸などに領土があった。

ひとつの王室と支配階級が、丸ごと南米に引っ越してきたのです。

当時の市内の人口は約3万人で、住民の大部分はアフリカから連れてこられた黒人奴隷でした。学校などの文化的な施設はほとんどなかったため、ポルトガル人は、王宮、教会、劇場、図書館、博物館などの施設を次々と建設します。

ナポレオンは1815年に失脚しますが、ポルトガル王族はブラジルの支配を維持するためリオデジャネイロにとどまります。そして、ブラジルを植民地ではなくポルトガル本国と対等として、連合王国（ポルトガル・ブラジル・アルガルヴェ連合王国）としました。

ポルトガルはそれまでブラジル植民者を大農場経営に集中させ、商工業の発達を制限していましたが、遷都後はこの方針を大転換します。リオデジャネイロは貨物に関税をかけない自由港とされ、1806年には90隻だった商船の入港数が、1820年には354隻にまで増加します。その大部分はイギリス船でした。急速に都会化が進んだリオデジャネイロは、数年間で人口が10万人にまで増え、イギリスやフランスの商工業者や文化人も大量に移民してくるようになります。

産業の発達とともに、ブラジルではポルトガルからの独立を唱える声が高まります。独立派は、1822年にポルトガル王室出身のドン・ペドロを皇帝に擁立し、「ブラジル帝国」の建国を宣言しました。独立後のブラジルでは、しだいにサトウキビよりも安価な設備投資で栽培できるコーヒーの大農場が基幹産業となり、内陸の農場地帯と輸出港のリオデジャネイロを結ぶ鉄道網が整備されます。

市街を見渡せる南部のコルコバードの丘は、現在は自然公園となっていますが、19世紀の中期にはコーヒー農場が広がっていました。標高約700メートルの丘の上には、のちにブラジル独立100周年を記念して高さ30メートルのキリスト像が築かれ、リオデジャネイロのランドマークとなります。

貧困層が生んだサンバ

ブラジルでは1888年に奴隷制が廃止され、翌年には共和政に移行しました。このころリオデジャネイロの人口は約50万人に達しますが、新住民の多くは解放された元奴隷など貧困層が多かったので、衛生や治安の悪化が問題となります。

1902年に大統領ロドリゲス・アルベスによって市長に任命されたペレイラ・パソスは、青年期にフランスに留学し、パリ知事のオ

現在のリオデジャネイロの中心市街

リオ・ブランコ通りに重要な建物が集中した。

スマンが進めた近代的な都市計画を学んでいました。パソスはパリを手本にリオデジャネイロの大改造を進め、全長約3000メートルのリオ・ブランコ通りを整備し、市庁舎、国立美術館、パリのオペラ座をモデルにした劇場などを新たに築きました。

貧困層の多くは市長パソスの再開発政策で郊外に追いやられ、市の近郊にはファベーラと呼ばれる貧民街が形成されます。このファベーラの黒人が生み出したダンス音楽からサンバが生まれ、例年2月前後に開催されるカーニバル（謝肉祭）と結びついて、1920年代にブラジル全土に広がりました。リオデジャネイロでは人種や階層を超えて文化の融合が進み、1950年代には、大衆的な黒人音楽だったサンバを富裕層の白人が独自にアレンジしたボサノバが広まります。

リオデジャネイロは市の成長とともに人口の過密が深刻化し、ブラジル全体でも沿岸部に大都市が集中していたので、独立以来、内陸に首都を移転することが検討されていました。新首都の「ブラジリア」は1960年に完成し、主要な行政機関はリオデジャネイロを離れます。しかし、その後もリオデジャネイロは、2014年にサッカーのワールドカップ・ブラジル大会の開催地に、2016年にオリンピックの開催地となるなど、商業の中心地として発展を続けています。

サンパウロ

―さまざまな人種・民族が集う大都市―

リオデジャネイロから400キロメートルほど西方に位置するサンパウロは、人口約1100万人と南半球で屈指の大都市です。市街は標高750メートルの高地に位置し、緯度がほぼ同じリオデジャネイロよりも年間を通しては少し涼しいです。

ポルトガル人によって1554年に町の基礎が築かれ、19世紀の中期にコーヒー栽培がブラジルの基幹産業となって以降、急速に発展を遂げました。1890年代には人口が約6万人から約24万人に増加し、20世紀に入るとリオデジャネイロをしのぐブラジル随一の工業地帯となります。

サンパウロの特徴は人種・民族の多様さで、ポルトガル系のみならずイタリア系、ドイツ系の白人のほか、中国人やアラブ人などのアジア系の移民も多く受け入れました。1900年前後から移民してきた日系人は現在、約100万人におよびます。東南部のリベルダージ地区には日系や中国系の人が多く住む東洋人街が広がり、漢字の看板を掲げた店も少なくありません。

シドニー

リアス式海岸に築かれた港湾都市

— Sydney —

南半球を代表する都市のひとつであるシドニーは、オーストラリアの開拓と歩みをともにしてきた。移民によって築かれた美しい港湾は、19世紀以降、大英帝国の太平洋における重要拠点となる。

大きな戦争とは無縁だったように思われるシドニーだが、唯一、この都市を直接攻撃した国があった。その国との戦いは、オーストラリアの独立を決定づけることになる。

現在属する国：オーストラリア連邦

人口：約486万人（2019年時点）

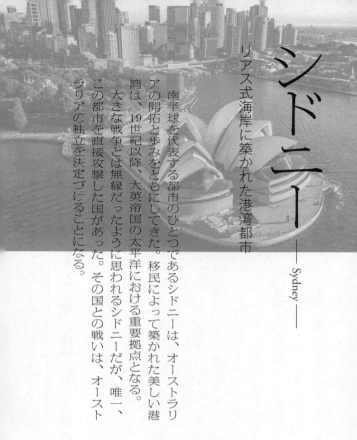

開拓の初日が建国の日

世界地図を赤道で折り曲げると、シドニーは日本の山口県下関市とほぼ重なります。南半球に位置するオーストラリア大陸は、赤道に近い北部は高温なサバナ気候、内陸の大部分は砂漠気候ですが、シドニーやキャンベラなどの主要都市がある南東部は、日本やヨーロッパと同じく温帯で過ごしやすく、最初に開拓されました。

オーストラリアでは、約5万～10万年前、アボリジニと総称される先住民が東南アジアから渡来したと考えられています。先住民は地域によって言語や生活様式が大きく異なり、南東部には狩猟生活を送るカミラロイ族などがいました。

1640年代にオランダ東インド会社に属するタスマンが初めてオーストラリア大陸の南東部やニュージーランドを探険したのち、1770年にイギリスのジェームズ・クック（通称キャプテン・クック）が本格的な調査を行い、イギリスによる領有を宣言しました。

古代のギリシャ人は、南方に知られざる大陸があると考え、それを「テラ・アウストラリス・インコグニタ」と呼んでいました。大航海時代のヨーロッパ人は当初、オーストラリア大陸がこれに該当すると考え、そこから「アウストラリス」という語句を英語風に発音した「オーストラリア」という名が定着します。

イギリスは当初、この南半球の大陸にさしたる価値を見出していませんでした。しかし、1776年に北米の植民地（アメリカ合衆国）が独立したため、イギリス人は北米に代わる新たな植民地・囚人の流刑地としてオーストラリアの開拓を進めます。

1788年1月26日、海軍提督のアーサー・フィリップ率いる最初の開拓団が上陸しました。この日は「オーストラリア・デー」と呼ばれ、いわば建国記念日にあたります。フィリップの一行は、当時のイギリスの内務大臣の名前から、上陸地をシドニーと名づけました。最初の住民は約1000人で、流刑にされた囚人とその家族が751人、軍人とその家族が252人だったといわれます。

羊毛と捕鯨で栄える

シドニーの地形的な特徴は、海岸線が非常に複雑に入り組んだリアス式海岸の湾であることです。船着場をつくるのに有利なうえ、湾内では外洋の荒波を避けられます。

１８１０年代からシドニーでは本格的に都市建設がはじまり、しだいに羊毛輸出や、捕鯨船、貨物船の拠点として栄えます。この時期に総督官邸やセント・ジェームズ教会などの多くの建物を設計したフランシス・グリーンウェイは、もともと公文書偽造の罪で流刑にされた建築家でした。シドニーの発展に寄与した業績から、後年にはオーストラリアで最初の10ドル紙幣に彼の肖像が使われました。

オーストラリア南東部では、１８５１年に相次いで金鉱が発見され、ゴールドラッシュにより人口が急増します。シドニーには労働者向けの住宅が次々と築かれ、従来のイギリス系のほか、ドイツ系、イタリア系、ギリシャ系、ユダヤ系、中華系などの移民も増え、人種・民族が多様化していきました。しかし、20世紀に入ると、白人移民の間でアジア系移民を排除する白豪主義が広がります。

１８５４年には、ヨーロッパで勃発したクリミア戦争が飛び火して、太平洋上のカムチャツカ半島近海でもイギリス海軍とロシア海軍が衝突しました。このため、ロシアの艦隊が英領のオーストラリアに侵攻する可能性に備えて、監獄のあったピンチガット島にデニソン要塞と砲台が築かれます。結局、ロシア海軍は来ませんでしたが、この島はのちの第二次世界大戦で日本軍の攻撃を受けます。

市民を驚かせた日本海軍

19世紀を通じてオーストラリアの羊毛輸出や鉱工業は拡大を続け、1901年には各州の政府を統合したオーストラリア連邦が発足します。議会はイギリスに属しましたが、内政の自治権が認められました。このとき、連邦の首都をシドニーとするか、ゴールドラッシュ以降に急成長を遂げたメルボルンとするかで論争が発生し、最終的に両都市の中間に新都「キャンベラ」を建設することが決定しました。

1932年、ポート・ジャクソン湾の南部と北部に分かれた市街を結ぶハーバー・ブリッジが完成します。全長1149メートル、道幅49メートルのアーチ橋で、大型の船舶でも橋の下を通過できるように高さは57メートルもあり、竣工時には世界最長のサイズでした。2000年に開催されたシドニーオリンピックでは、ハーバー・ブリッジもマラソンコースの一部に組み込まれています。

20世紀の中ごろまで、オーストラリアは、シンガポールや香港とともに、太平洋に

現在のシドニーの中心市街

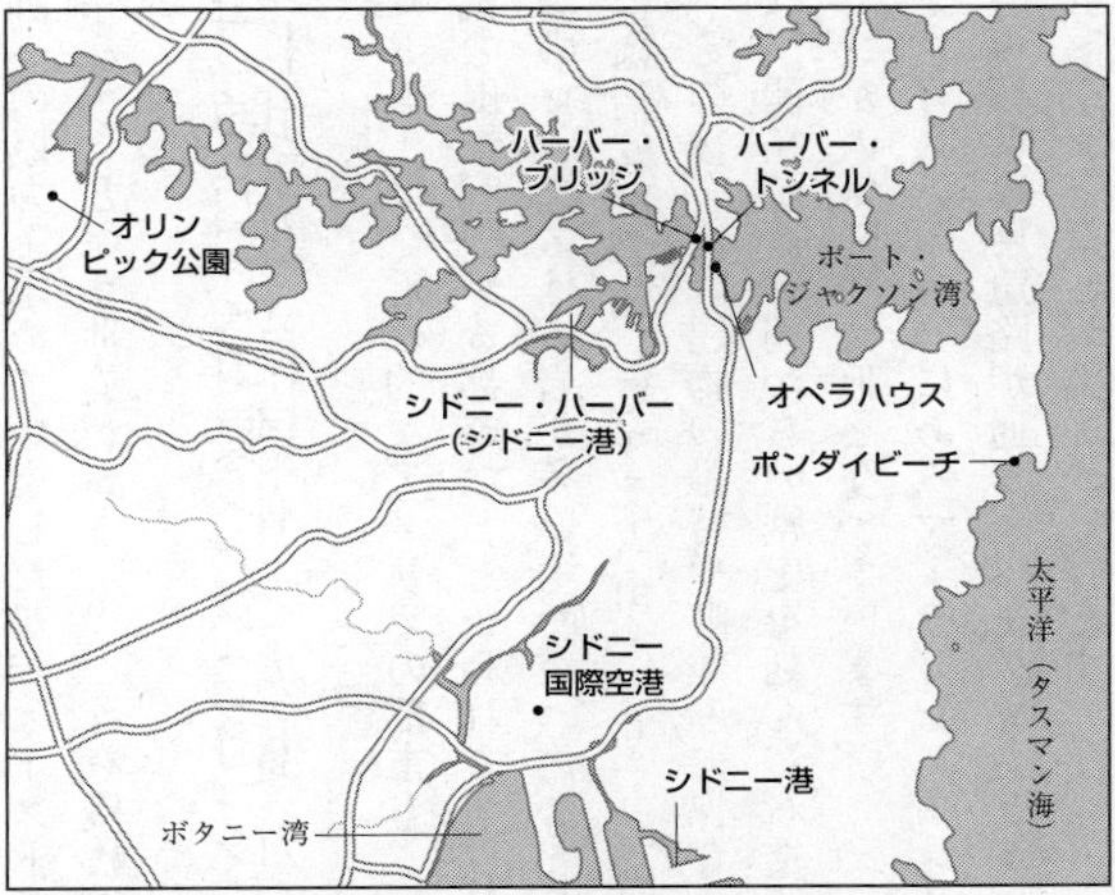

大陸南東部は地震が少なく、海岸近くに超高層ビルが立っている。

おける大英帝国の重要拠点でした。このため、第二次世界大戦の勃発後、1942年に日本軍は複数回にわたり、オーストラリア北部のダーウィン、ブルームなどを空爆します。

シドニー港はアメリカ海軍も利用していたため、同年5月に日本海軍の小型潜水艦がシドニー沿岸を強襲し、連合軍の艦艇を撃沈しました。外国から初めて直接攻撃を受けたオーストラリア国民は、大きな衝撃を受けます。

イギリスはオーストラリアに対し、北アフリカでのドイツ軍との戦闘への協力を求めていましたが、オーストラリアでは日本との戦争に専念して国土を守るべきという世論が高まり、これを機に立法府をイギリスから独立させました。

人口増加で問題化した地形の難点

シドニーは、近代的なアメリカの都市と、19世紀のヨーロッパの都市の中間的な雰囲気の風景が広がる都市だともいわれます。最初に港がつくられたポート・ジャクソン湾のロックスは、岩が多い場所だったことからその名がつけられました。19世紀後半には治安が悪化してスラム街となり、一時は伝染病の流行で人口が激減しましたが、その後、古い建物の維持や町並みの保存を唱える市民の声が高まりました。現在では、開拓時代初期からの歴史を刻んだ石造りの建物や倉庫を利用したカフェやレストランが人気の観光地となっています。

オフィス街の中心にあるマーティン・プレイスでは、高層ビルが並び立つなかに石畳の歩行者専用道路が通り、ベンチでのどかに昼食を取る人々や、大道芸を披露するパフォーマーなどが集まっています。

戦後のシドニーでは中産階級の増加にともない、郊外の豊かな自然を楽しむレジャー文化が広まりました。1960年代からシドニー東部のボンダイビーチではサーフィンが流行し、世界的なサーファーの集う名所となっています。1973年には、ユニークな外観で知られるシドニー・オペラハウスが完成しました。公募でデンマークの建築家ウッソンの案が採用され、直径75メートル相当の球体を分割した曲面を重ねた独特な形状で、コンピュータを使わず手作業で設計されています。開場時には、イギリスからエリザベス2世女王も出席しました。

シドニーは天然の良港ですが、人口が増加するにつれ、ポート・ジャクソン湾を挟んで市街が南北に分断されている点が大きな問題となります。湾の南北を結ぶハーバー・ブリッジの自動車交通量は、1980年代には1時間あたり1万5000台を超えました。そこでハーバー・トンネルが開削され、1992年に開通します。

オーストラリアは経済の発展とともに近隣アジア諸国との関係が深まり、1970年代には移民法が改正され、白豪主義が廃されました。こうして、現在のシドニーは、白人が多い街区に加え、中華街やベトナム人街、アボリジニの街区、アラブ人やほかのイスラム教徒が多く住む街区なども点在する国際的な都市となっています。

シンガポール

— Singapore —

アジア有数の経済力を誇る都市国家

何の資源も持たない小さな島国が、どのようにして独立から50年ほどで、「世界の金融センター」と呼ばれるまでの目覚ましい発展を遂げてきたのだろうか。

そこには、シンガポールの「建国の父」と呼ばれる人物の強力なリーダーシップと、きびしい統制のもとで進められてきた、都市計画が関係していた。

現在属する国：シンガポール共和国
人口：約564万人（2019年時点）

「海の町」から「獅子の都市」へ

マレー半島の南端から、幅1キロメートルのジョホール海峡を隔ててある小さな島が、都市国家シンガポールです。国土の南北が23キロメートルなのに対し、東西が42キロメートルと横に長く、約720平方キロメートルの国土に、さまざまな民族が暮らしています。

1990年ごろのシンガポールの国土は約625平方キロメートルと、東京23区と同程度でしたが、沿岸部の埋め立てが進み、現在では約15%も国土は拡大しました。さらに今後の計画によると、2030年まで埋め立てを進めていくことになっています。とはいえ、埋め立てに必要な土砂は東南アジア諸国からの輸入に頼っており、輸出国からの規制が問題になっています。

土砂だけでなく、水も輸入に頼っています。隣国のマレーシアからジョホール海峡に架かっている道路や水道管を通して、水や食料の供給を受けています。天然ガスなどのエネルギーもインドネシアからのパイプラインに頼っています。

さて、シンガポールと聞いて真っ先に思い浮かべるのが、上半身がライオン、下半身が魚という不思議な生き物を象《かたど》ったマーライオン像でしょう。1972年に政府観光局がシンガポールのシンボルとして設置しました。

11世紀ごろ、スマトラ島を中心に栄えた海洋国家シュリーヴィジャヤ王国の王子が、航海中にこの島を訪れたところ、獅子が現れてその地を支配することを認めたといいます。それ以来、この島を「シンガプーラ（獅子の町）」と呼ぶようになったという伝説が残っているのです。

また、それ以前からマレー語で「海の町」を意味する「テマセック」という呼び名もあったようです。つまりマーライオンは、上半身が獅子の町であるシンガプーラを、下半身が海の町であるテマセックを表しているのです。

イギリスの植民地として発展

シンガプーラはマレー語での発音に近く、日本でシンガポールと呼んでいるのは、イギリス英語の発音をローマ字で表したためです。シンガポールが急速に成長したのも、イギリスの植民地となったことがきっかけです。

もともとシンガポール島は、ひし形の島内の南部にわずかに領民が暮らし、北部はジョホール海峡を航行する船を襲う海賊たちの拠点だったといいます。スマトラ島やマレー半島を支配する歴代王朝の勢力下にありましたが、重要視されていませんでした。ところが、16世紀の大航海時代を境に、西欧諸国が東西交易の中継地点として東南アジアの島々を確保しはじめると、にわかに注目されます。

最初にシンガポールに目をつけたのが、イギリス東インド会社のトーマス・ラッフルズです。インドを植民地化したイギリスにとって、シンガポールはインドと東アジアを結ぶ交易拠点として適していたからです。そこでラッフルズは、１８１９年に当時のマレー半島南端を支配していたジョホール王国と交渉し、商館設立の許可を取りつけます。

シンガポールの位置

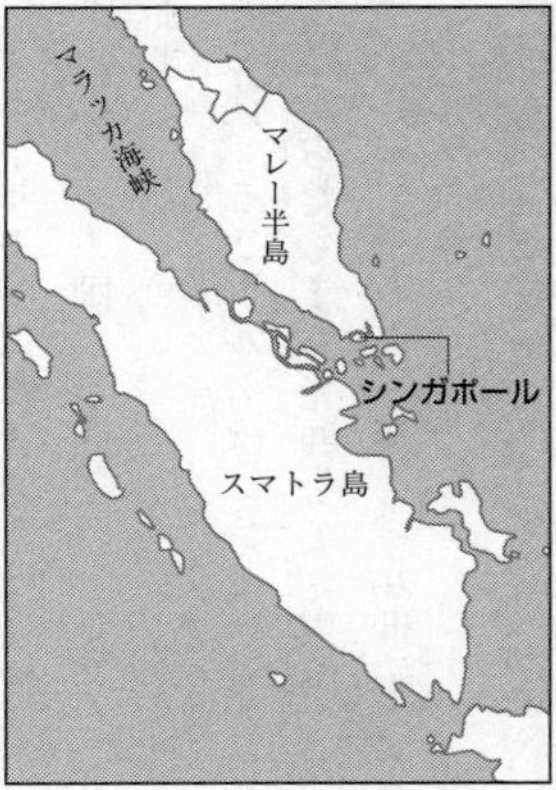

マラッカ海峡の出入り口に位置する重要な地として、イギリスに目をつけられた。

ジョホール王国に影響力を持つオランダは反対しましたが、1824年にイギリスがジョホール王国に年間1万8000ドルを支払うことで、イギリスの支配権が確定します。

その後、ラッフルズはシンガポールを自由貿易港として開放し、関税を取らなかったことからたちまち発展して、東南アジア貿易の中心地となっていきました。人口はわずか5年で1万人を超え、20世紀になるころには23万人に達しています。

日本統治後に華人政権が誕生

シンガポールの発展の原動力となったのが、中国からの移民です。シンガポールの2018年時点での人口比率は、中華系76%、マレー系14%、インド系9%、その他が1%です。もともとマレー系の多い島でしたが、中華系が多くなったのは、イギリス植民地時代に、中国からの出稼ぎ労働者が大量に流入したためです。

中国系の労働者は、港湾での荷運びなど重労働の担い手でした。なかには、マレーシアで産出するゴムの輸出事業や、貿易事業に進出して莫大な利益を上げる者もいました。成功を夢見る人々にとってシンガポールは格好の稼ぎ場所であり、定住者も増えていきました。定住した中華系移民は華人と呼ばれています。

イギリスは、それぞれの民族ごとに居住地を振り分けて統治していました。1941年12月に太平洋戦争が始まると、シンガポールは翌年2月、日本の占領下に置かれます。日本軍は東南アジア統治のための軍港としてシンガポールを活用します。中国の抵抗運動の資金源とされる中華系を弾圧し、協力的なマレー人、インド人を優遇しました。この政策は、日本が敗戦を迎える1945年まで続きます。

終戦後、シンガポールは再びイギリス領となり、1959年には自治権を得て、シンガポール自治州になりました。議会が誕生し、独立を求める動きが活発化します。独立運動の主な担い手となったのは華人でした。

華人は大きく分けてふたつのグループに分かれていました。学校教育を中国語で受けた「華語派」と、英語で受けた「英語派」です。1954年にはイギリス帰りの弁護士で英語派のリー・クアンユーを幹事長とした人民行動党（PAP）が、華語派の支持を取りつけて結党します。そして、1965年にシンガポールがマレーシアから分離独立して現在に至るまで、人民行動党は政権を握っています。

幻のシンガポール市と独裁政権

シンガポールは都市国家であり、首都がそのまま国土ということになりますが、人民行動党が政権を握るまでシンガポール市も存在していました。シンガポール市長のオン・エングエンは中華系の共産主義者からの支持が篤く、リー・クアンユーは接戦の末に首相に選ばれました。その後、国土が狭いことから、シンガポール市は廃止されます。

1957年、イギリスの植民地だったマレー半島南部のマラヤ連邦が独立し、1963年にはマラヤ連邦を中心としてマレーシア連邦が成立し、シンガポールもその一員としてイギリスから独立します。

しかし、マレーシアではマレー人優遇政策を取っており、華人の多いシンガポールと対立することになります。加えて、経済的に豊かだったシンガポールと、貧しいマレーシアとの経済格差も問題となりました。こういった背景があり、マレーシア連邦として独立してからわずか2年でシンガポールは分離することになります。

1965年、41歳のリー・クアンユーはシンガポール共和国を建国。初代首相となり、独裁色を強めていきます。人民行動党は、共産主義の華人政党との共闘により政権を獲得したのですが、独立後のリー・クアンユーは、共産主義勢力を排除しただけでなく、批判的な勢力をすべて排除しました。制度上は複数の政党が認められた民主国家でしたが、人民行動党に有利になるように法律が改正され、野党の議席は数席しかないという、実質的な一党独裁体制でした。

一方で、リー・クアンユーは政治的イデオロギーよりも経済発展を第一に、国を豊かにすることだけを目指しました。狭い国土しか持たないシンガポールにとって、国を豊かにし、独立を保つ方法はそれしかないと考えたからです。

リー・クアンユーは、シンガポールに暮らす民族すべてが、シンガポール人としてまとまることを求め、すべての民族を平等に扱う方針を採りました。公用語もマレー語、中国語、タミール語、英語の4つとしました。

リー・クアンユーは1990年に首相を退き、2015年に91歳で他界しました。次の首相はゴー・チョクトンでしたが、2004年以降はリー・クアンユーの長男リー・シェンロンが首相を務めています。リー・シェンロンは父と同じく政府主導の経済発展を目指しつつ、民主化を求める声にも耳を傾ける姿勢を示しています。

経済発展と都市開発の両立

現在のシンガポールは、植民地時代と同じく東西交易の主要港です。上海や広州など中国の港と競り合い、シンガポール港は世界2位の貨物取扱量を誇ります。チャンギ国際空港も、東南アジア有数のハブ空港として世界中に航路を開いています。

リー・クアンユーは税制面で外国企業を優遇するなど、積極的な外資誘致を行いました。とくに証券会社などの金融機関を誘致し、東南アジア最大の国際金融センターへと発展させました。国内企業のほとんどが政府系企業であり、国費で海外留学したエリートたちによって国の政策に沿った運営がされています。

また、国土が狭いために都市開発も政府主導で行われました。高層マンションやコンドミニアムの建設が進められ、住民の多くはビル住まいです。オフィスビルも高層化され、高さ制限いっぱいの280メートル級の超高層ビルも5棟あります。2017年に発表されたデータによると、人口密度は1平方キロメートルあたり8000人

現在のシンガポール

島南部のシェントン・ウェイに、金融機関が集中している。

程度（東京都は6000人程度）であり、いかに限られた面積を効率的に活用して、人々が生活しているかがわかります。

一方で、緑地を確保するためにビル1棟あたりの緑地面積を定め、1戸建ての住宅にも植樹を義務づけています。景観を守るために、ごみ捨てやガムの持ち込みにも厳しい罰則が設けられているのは有名です。地下鉄網が整備され、電線などが地下に埋められているのも景観を守るためです。

こうした厳しい統制により、2008年には1人あたりGDP（国内総生産）で日本を上回り、経済的な豊かさを実現し、自然あふれる近代的な都市が形づくられたのです。

上海

— Shanghai —

経済発展の旗印として急成長した港湾都市

黄河と並ぶ中国を代表する大河である長江。その河口一帯に位置する上海は、貨物取扱量世界一の上海港を有し、世界有数の経済都市だ。

旧租界地区から発展し、西洋の雰囲気を漂わせながら、首都である北京をしのぐ人口を抱える。今や中国の海洋進出のシンボルにまでのぼりつめた急成長の経緯とは。

現在属する国：中華人民共和国
人口：約2,632万人（2019年時点）

河口の小さな港町から四大直轄市へ

東京都の3倍近い面積を持ち、中国経済、国際貿易の中心となっているのが上海です。北京、天津、重慶と並ぶ政府の直轄地として、省と同格の待遇を受けています。

しかし、上海が都市として発展したのは、何百年も昔のことではありません。歴史上に「上海」の地名が初めて現れるのは唐の時代、10世紀ごろです。長江と外海の接する場所として、河口の南側を上海浦、北側が下海浦と名づけられます。当時はまだ、泥と湿地に囲まれた小さな漁村でしかありませんでした。

中国では「南船北馬」といわれるように山地の多い北では馬が、河川の多い南では船が主要な輸送手段でした。12世紀、女真族の金に追われた宋（北宋）の皇族が、南で宋（南宋）を再建します。その南宋の時代、上海に役所が置かれます。上海には長江のほかにも黄浦江が流れ込み、船でさかのぼることで蘇州や杭州など内陸部の主要都市と往来でき、さらに外海に出て外国と交易ができることも注目されたのです。海賊から町を守るために県城が築かれ、やがて下海浦を吸収し、港町として発展します。

19世紀の清代には、アジア進出を目論むイギリスが大量のアヘンをもたらし、アヘンを求める清からは多くの美術品や銀が流出します。１８４０年、アヘン戦争が起こりましたが、清が敗れたことで「南京条約」が結ばれ、上海はイギリスの租借地として開港されます。上海が国際舞台に躍り出たのはまさに開港によってでした。

中国の中の〝外国〟となった上海

上海が開港されると、まず外国人居留地である租界が設定されます。１８４５年、県城の北側にイギリス租界ができると、黄浦河の支流を挟んだその北側にアメリカ租界がつくられます。さらにイギリス租界と上海県城の間にフランス租界が入ってきました。０・５平方キロメートルほどだった租界は、わずかな期間で25平方キロメートルにまで拡大し、中国人の住む県城をも圧倒したのです。

そのころの租界はまだ中国側の管理下にありました。しかし、清の国力が弱まり、太平天国の乱などの反乱が相次いで起こって大量の難民が流入すると、自衛のためという名目で租界の自治権が大幅に拡大されます。アメリカとイギリスが共同租界をつ

19世紀の上海

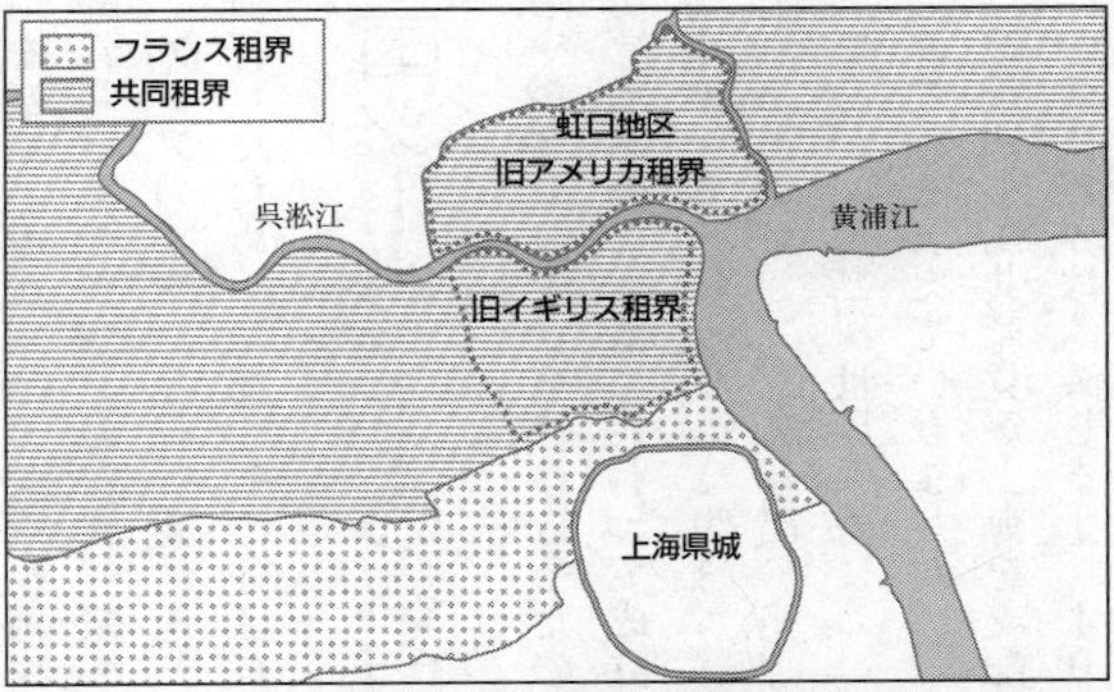

アメリカ議会図書館所蔵『最近實測上海地圖』などを参考に作成

現在の上海の中心市街に、列強諸国の租界が存在していた。

くり、租界独自の政庁や議会、軍隊などが編成されたのです。フランス租界も自治権を得て、隔離された上海租界は、急速に中国の中の西洋へと変貌していきました。

現在の外灘には各国の領事館が建てられ、南京路には大型デパートが立ち並び、外国から送られてくる品々であふれます。路面電車が走り、中国で初めて電信が通ったのも上海です。日本も日清修好条規により、1871年から共同租界に入ります。現在の虹口のエリアは日本人街として小東京と呼ばれていました。

租界に流入した中国人の多くは、主に港湾労働者などの低所得者層でした。しかし、なかには上海マフィア（青幇《チンパン》）となって財をなす者も出てきます。上海マフィアは、表向きはレストランや高級クラブなどを経営し、裏でアヘンの密輸、賭博場や妓館経営などに手を染めていたのです。上海は、アジアの華やかな流行発信地として「東洋のパリ」と呼ばれる一方で、マフィアが横行したため「魔都」とも呼ばれました。

中国シーパワーの拠点に

華やかな上海租界を終わらせたのは日本でした。日清戦争に勝利した日本は上海への影響力を強め、清に代わって成立した中華民国と対立すると、1932年の第一次上海事変で軍事衝突が起こります。さらに、1937年に日中戦争が始まると、日本は上海を占領し、アジア進出の拠点とします。

ところが、第二次世界大戦において日本軍の敗戦が濃厚になるにつれて、上海の繁栄もみるみる衰えていきました。

大戦後は中国共産党が上海を支配下に治め、イギリスが香港に拠点を移したことをきっかけに租界は消滅します。1958年に、江蘇省周辺の地域が上海市に編入され

現在の上海

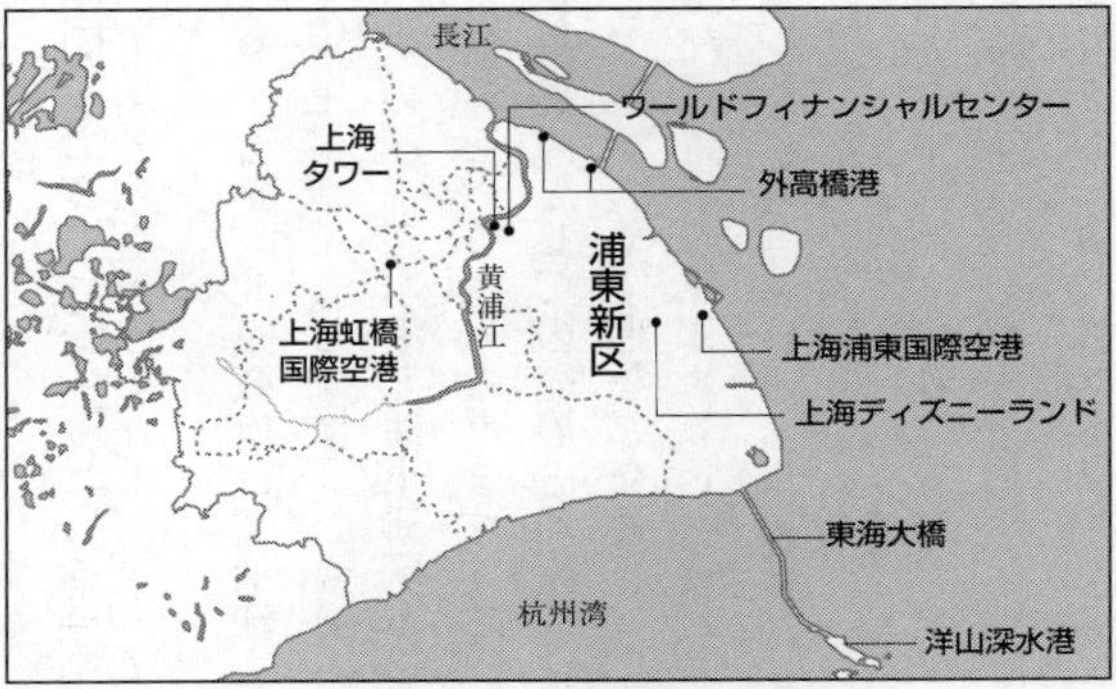

長江河口域だけでなく、上海各地に複数の港が設置されている。

ると、約650平方キロメートルほどだった上海市の面積が、一挙に10倍にふくらみました。とはいえ、大半は農村部で、発展していたのは旧租界エリアのみでした。

1980年代の終わりごろ、中国の改革開放路線によって上海の再開発が行われ、上海は大きく様変わりします。

というのも、1989年の天安門事件ののちに国家主席となった江沢民は、上海の党書記出身でした。北京に人脈を持たなかったことから、江沢民は上海時代の関係者を重要ポストに就けて上海閥を形成します。この上海閥が沿海部からの海洋進出によって経済発展を目指し、シーパワーの拡大のための拠点を上海としたのです。

中国経済を支える龍の頭

1992年、北京政府は黄浦江東岸を経済特区として浦東新区を新設し、大規模な商業・工業地帯とします。2005年には海上の島嶼を埋め立てて洋山深水港を開港し、その洋山深水港と浦東新区とを東海大橋で結びつけたことで、上海港は世界最大の取扱量を誇る港となります。

貿易拠点としての発展と同時に、金融、IT、電子などを中心に世界中の企業が進出し、地下鉄や空港など交通インフラも整備されました。2010年には上海万博が開かれ、高さ632メートルの上海タワーを筆頭に、上海ワールドフィナンシャルセンターなどの高層ビルが建築されます。上海ディズニーランドや世界最大規模のスターバックス　コーヒーが出店するなど、世界的な大都市へと成長しました。

広大な中国からすれば、わずか2%ほどの面積しかない上海ですが、今や中国のGDPの20%以上を生み出しています。長江を巨大な龍に見立て、「龍の頭」とも呼ばれる上海は、かつての租界時代以上の発展を実現させています。

香港

―進む中国化と薄まる存在感―

香港も昔は小さな港町で、香木の集積地であったことから「香港」と名づけられたといいます。アヘン戦争後にイギリスの植民地となり、西洋文化の流入により発展しました。

第二次世界大戦後もイギリス領だったことから、映画や音楽などのエンタテインメント産業が育ち、独自の文化を築きました。九龍《クーロン》、新界、香港島の3つのエリアで構成され、約1000平方キロメートルの土地に700万人以上が暮らす人口密集地です。1997年に中国に返還されると同時に「一国二制度」が適用され、50年間の高度な自治が認められました。香港政府の政策に対して香港市民が反対運動を起こし、両者はたびたび衝突しています。

上海の発展にともない存在感が薄れていますが、経済・交易・観光で、世界的に知られた都市であることに変わりません。

また、近隣のマカオも1999年にポルトガルより返還され、カジノやリゾートホテルが並んだ観光都市となっています。

ドバイ ―― Dubai ――

砂漠地帯に出現した近未来都市

高級リゾート地としての観光客誘致、外貨獲得のための経済特区の設定。わずか数十年で、ドバイは超高層ビルが林立する最先端のデザイン都市へと急速に変貌した。

中東国家の多くは、国土の大部分を砂漠が占め、石油に依存している。そんななかドバイが、石油資源に依存しない改革を進められたのはなぜか。

現在属する国：アラブ首長国連邦（UAE）
人口：約283万人（2019年時点）

UAEの首都ではない⁉

中東の最先端都市・ドバイの名は日本でもよく知られています。高層ビルや高級リゾートなどのイメージで語られることの多い都市ですが、そもそもドバイとは国名でしょうか、都市名でしょうか。正解は、ドバイは国でもあり都市でもあります。ドバイは、アラブ首長国連邦（ＵＡＥ）を構成する国のひとつです。もっとも、アラブ首長国連邦の首都は、ドバイではなくアブダビです。

アラブ首長国連邦とは、アブダビ、ドバイ、シャルジャ、アジュマン、フジャイラ、ウンム・アル・カイワイン、ラス・アル・ハイマという7つの首長国が集まってできた連邦制国家です。国土面積のうち、約8割はアブダビ、2番目に大きなドバイが約1割、残る5首長国全部あわせて1割程度となっています。バランスが悪いように思うかもしれませんが、中東では昔からそれぞれの地域を各部族の首長が治めていました。そこで勢力の小さな首長国が手を結び、大国に対抗しようとしたのです。

こうしてアラブ首長国連邦が誕生したのが１９７１年のことです。最も国土面積が大きく、石油産出量の多いアブダビの首長が、アラブ首長国連邦の大統領を代々務めています。そして、2番目に大きなドバイ首長が、副大統領兼首相を務めています。残る5首長国は、石油産出で大きな利益を上げるアブダビから支援を受ける立場です。ただ、連邦では外交、軍事、通貨の統一などが決められるだけで、各首長国は君主政でそれぞれ大きな自治権を持ち、国境も定められています。

すべての首長国は、首都の名前をそのまま国名にしています。しかし、アブダビを除けば、ドバイでも茨城県ほどの面積しかないので、首都以外に都市はありません。ですから、ドバイとは国名でもあり、都市名でもあるのです。

40年で世界の最新都市に

アラブ首長国連邦の北東部にあるドバイは、南西のアブダビ、北東のシャルージャと接しています。西側はペルシャ湾に面し、内陸部は砂漠地帯で、ペルシャ湾に流れ込む北部のドバイ・クリークという河の両岸がもともとの中心地でした。

ドバイ首長国が成立したのは1830年代のことです。アブダビ首長のナヒヤーン

ドバイの位置

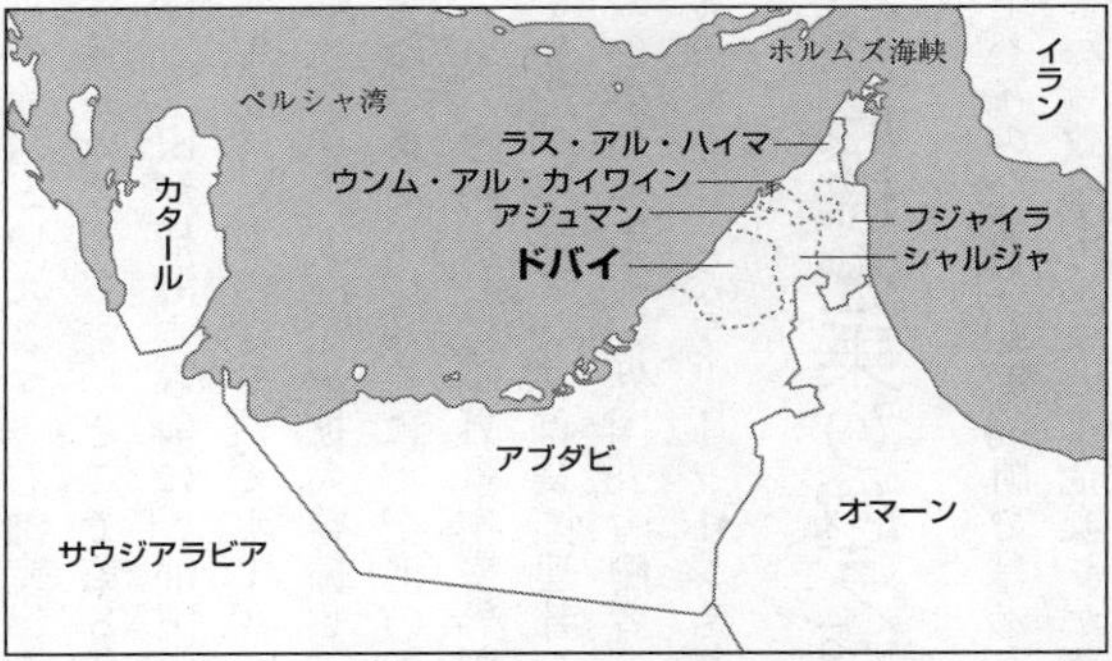

砂漠が国土の多くを占めるため、ペルシャ湾岸域を中心に開発が進んだ。

家と同じバニ・ヤース部族のマクトゥーム家が首長の座をめぐる争いを避けるため、一族を連れてアブダビの東部に移住し、ドバイを建国したのです。

当時のドバイは、天然真珠の採取と漁業、放牧くらいしか産業のない小さな町でした。そこで貿易に力を入れ、港町としての発展を目指します。イギリスと和平協定が結ばれてその保護下に置かれると、インド航路の主要港として利用されました。

ところが、20世紀に入り、日本の御木本幸吉が真珠の養殖に成功すると、ドバイの真珠産業は大打撃を受けます。

１９６０年代には海底油田が発見されましたが、埋蔵量はわずかでした。中東では油田が富の象徴といえます。石油産出国なら豊かな生活が保障されますが、石油の出ない国は貧しいままです。そこで第8代ドバイ首長ラシード・ビン・ザーイド・マクトゥームは、油田が枯渇する前に、油田収入を都市開発に投入する決断を下します。お手本にしたのはシンガポールでした。まずは貿易拠点としてドバイ・クリーク河口の「ラシード港」を拡大整備し、川沿いにドバイ国際空港を建設して空と海の貨物路を結びました。さらに、空港の近くには経済特区として「ジュベル・アリ・フリーゾーン」を制定し、国外資本や外国企業の進出を後押ししたのです。1971年にアラブ首長国連邦が成立すると、経済発展を目指したドバイには世界中の企業が進出し、外国人労働者も増加していきます。1990年代からはIT企業や金融に特化したフリーゾーンも拡大されていきました。

経済危機を乗り越え発展

ドバイの発展は順風満帆ではありませんでした。とりわけ、リーマン・ショックの影響から政府系企業の資金繰りが悪化したことで、ヨーロッパ系の金融機関が引き揚

現在のドバイの中心市街地

ふたつの国際空港、ふたつの国際港から、人とモノが集まってくる。

げてしまった２００９年のドバイ・ショックは、大きな痛手となりました。しかし、アブダビの支援を受けることで、ドバイの発展は止まることはありませんでした。

アブダビに近い南西部は砂漠しかありませんでしたが、世界最大の人工港である「ジュベル・アリ港」を新設して再開発が進められました。観光客を呼び込むため、上空からだとヤシの木の形に見える「パーム・ジュメイラ」と「パーム・アイランド」という人工島も建設しました。北東の旧市街とは、片側6車線の「シェイク・ザーイド・ロード」で結び、両脇に巨大なショッピングモールやデザイン性に富んだ超高層ビルが次々と建設されます。

なかでも代表的なのが、高さ828メートルのブルジュ・ハリファです。ブルジュとはアラビア語で「塔」を意味します。もともとブルジュ・ドバイという名で建設をはじめましたが、ドバイ・ショックでアブダビの支援を受けたことから、アブダビのハリファ・ビン・ザーイド首長の名を冠しています。

砂漠地ならではの苦労

ドバイでは1000メートルを超えるビルの建設が計画中です。世界地図をイメージした新たな人工島ザ・ワールドは、島の一つひとつが高級邸宅で、世界中の資産家や著名人が購入しています。

もっとも、富裕者ばかりがドバイに住んでいるわけではありません。教育費や医療費は無料で税金もなく、住宅支援もあります。しかし、純粋なドバイ人は全人口の10%ほどしかおらず、ほとんどが東南アジアやほかの中東の国々から来た出稼ぎ労働者です。出稼ぎ外国人は、サービス業や肉体労働に従事しており、決して裕福とはいえません。労働キャンプと呼ばれる集合住宅に住んでいますが、家族で住むには所得制限があるのでほとんどが男性のひとり暮らしです。イスラム教の戒律で女性はあまり外出しないことから、ドバイでは観光客以外の女性はまず見かけません。

ただ、そういった出稼ぎ外国人が、ドバイの都市づくりを支えているのも事実です。砂漠の上にビルを建てたり、人工島をつくったりするのはとても大変です。砂の上ではビルが安定しないことから、硬い岩盤のある地層まで杭を何百本も打ち込まなくてはなりません。ブルジュ・ハリファの場合、太さ1・5メートルの杭を、地下50メートルまで192本も打ち込み、さらにコンクリートで基礎を固めて安定させています。

白い砂浜のビーチも自然にできたものではありません。海底から岩や砂をすくい上げて、岩を積み上げた上に砂をかぶせているのです。さらに、ビーチの砂が波で削られないように、周囲を岩で覆い、海水を淡水化して公園を整備しています。

地中や海中といった見えない部分での工夫が、ドバイの美しい景観をつくりだしているのです。人工というと無機質な印象を受けますが、ビーチの岩場に魚が棲みついたり、公園に緑地が増えたりするなど、むしろ環境保護にも貢献しています。

このような都市づくりが実現できているのは、出稼ぎ外国人による労働力、そして強力な権限を持った首長の先見性と指導力があればこそなのです。

主要参考文献

『世界の都市地図500年史』ジェレミー・ブラック著／野中邦子・高橋早苗訳（河出書房新社）、『都市の誕生』P・D・スミス著／中島由華訳（河出書房新社）、『都市計画の世界史』日端康雄（講談社現代新書）、『都市から見る世界史』ジョエル・コトキン著／庭田よう子訳（武田ランダムハウスジャパン）、『バビロン』J・G・マッキーン著／岩永博訳（法政大学出版局）、『バビロニア都市民の生活』S・ダリー著／大津忠彦・下釜和也訳（同成社）、『世界史リブレット人3 ネブカドネザル2世』山田重郎（山川出版社）、『物語 エルサレムの歴史』笈川博一（中公新書）、『空白のユダヤ史』秦剛平（京都大学学術出版会）、『世界の都市の物語 イェルサレム』高橋正男（文藝春秋）、『聖都エルサレム』関谷定夫（東洋書林）、『図説 古代ギリシアの暮らし』高畠純夫、齋藤貴弘、竹内一博（河出書房新社）、『アテネ 遺跡の過去と現在』Niki Drosou-Panagiotou 著／ニシジマ マサヨ訳（PAPADIMAS DIM.Reg't Co.）、『世界の歴史5 ギリシアとローマ』桜井万里子・本村凌二（中央公論社）、『古代エジプトの歴史 新王国時代からプトレマイオス朝時代まで』山花京子（慶應義塾大学出版会）、『学術都市アレクサンドリア』野町啓（講談社学術文庫）、『知識の灯台 古代アレクサンドリア図書館の物語』デレク・フラワー著／柴田和雄訳（柏書房）、『世界の歴史18 ラテンアメリカ文明の興亡』高橋均・網野徹哉（中央公論社）、『古代メソアメリカ文明』青山和夫（講談社）、『図説 ローマ「永遠の都」都市と建築の2000年』河辺泰宏（河出書房新社）、『イラストでわかる古代ローマ人のくらし図鑑』新保良明監修（宝島社）、『イスタンブール 三つの顔をもつ帝都』ジョン・フリーリ著／長縄忠訳／鈴木董監修（NTT出版）、『寛容なる都 コンスタンティノープルとイスタンブール』野中恵子（春秋社）、『ビザンティン建築の謎 世界遺産に潜む都市防衛機能』武野純一（日刊工業新聞社）、『長安の都市計画』妹尾達彦（講談社選書メチエ）、『中国の諸都市 その生い立ちと現状』米倉二郎監修／陳橋駅編著／馬安東訳（大明堂）、『長安・洛陽物語』松浦友久・植木久行（集英社）、『イスラム・ネットワーク アッバース朝がつなげた世界』宮崎正勝（講談社選書メチエ）、『興亡の世界史イスラーム帝国のジハード』小杉泰（講談社学術文庫）、『図説世界建築史6 イスラム建築』ジョン・D・ホーグ著／山田幸正訳（本の友社）、『ティムール帝国』川口琢司（講談社選書メチエ）、『世界の歴史15 成熟のイスラーム社会』永田雄三・羽田正（中央公論社）、『世界史リブレット16 イスラームの都市世界』三浦徹（山川出版社）、『世界の歴史13 東南アジアの伝統と発展』生田滋・石澤良昭（中央公論社）、『興亡の世界史 通商国家カルタゴ』栗田伸子・佐藤育子（講談社）、『チュニジアを知るための60章』鷹木恵子編集（明石書店）、『北京 都市の記憶』春名徹（岩波新書）、『北京 皇都の歴史と空間』倉沢進・李国慶（中公新書）、『マラッカ ペナン 世界遺産の街を歩く』イワサキチエ・丹保美紀（ダイヤモンド社）、『カンボジアを知るための62章』上田広美・岡田知子（明石書店）、『世界の都市の物語 モスクワ』木村浩（文藝春秋）、『新版 ロシアを知る事典』川端香男里・佐藤経明・中村喜和・和田春樹・塩川伸明・栖原学・沼野充義（平凡社）、『図説 ロシアの歴史 増補新装版』栗生沢猛夫（河出書房新社）、『サンクト・ペテルブルグ』小町文雄（中公新書）、『物語 イランの歴史』宮田律（中公新書）、『NHKスペシャル アジア古都物語 イスファハン』NHK「アジア古都物語」プロジェクト編集（NHK出版）、『ヴェネツィア』ウィリアム・H・マクニール著／清水廣一郎訳（講談社学術文庫）、『図説ヴェネツィア「水の都」歴史散歩』ルカ・コルフェライ著／中山悦子訳（河出書房新社）、『多重都市デリー』荒松雄（中公新書）、『世界史リブレット ムガル帝国時代のインド社会』小名康之（山川出版社）、『パリの歴史 新版』イヴァン・コンボー著／小林茂訳（文庫クセジュ）、『中世パリの生活史』シモーヌ・ルー著／杉崎泰一郎監修／吉田春美訳（原書房）、『図説 パリ 名建築でめぐる旅』中島智章（河出書房新社）、『物語 オランダの歴史』桜田美津夫（中公新書）、『図説 オランダの歴史』佐藤弘幸（河出書房新社）、『物語 イギリスの歴史（上・下）』君塚直隆（中公新書）、『図説 ロンドン 都市と建築の歴史』渡邊研司（河出書房新社）、『ニューヨーク 世界の都市の物語』猿谷要（文春文庫）、『図説 ニューヨーク都市物語』賀川洋著／桑子学写真（河出書房新社）、『ウィーン 都市の近代』田口晃（岩波新書）、『ウィーン「よそもの」がつくった都市』上田浩二（ちくま新書）、『図説 ウィーンの歴史』増谷英樹（河出書房新社）、『新版 ラテンアメリカを知る事典』恒川惠市・大貫良夫・落合一泰・国本伊代・松下洋・福嶋正徳監修（平凡社）、『ブラジル史』ボリス・ファウスト著／鈴木茂訳（明石書店）、『リオデジャネイロ歴史紀行』内藤陽介（えにし書房）、『図説ブラジルの歴史』金七紀男（河出書房新社）、『新版 オセアニアを知る事典』小林泉・加藤めぐみ・石川栄吉・越智道雄・百々佑利子監修（平凡社）、『物語 オーストラリアの歴史』竹田いさみ（中公新書）、『物語 シンガポールの歴史』岩崎育夫（中公新書）、『シンガポールを知るための65章』田村慶子（明石書店）、『上海多国籍都市の百年』榎本泰子（中公新書）、『上海史 巨大都市の形成と人々の営み』高橋孝助・古厩忠夫編（東方書店）、『アラブ首長国連邦（UAE）を知るための60章』細井長（明石書店）、『ドバイのまちづくり』佐野陽子（慶應義塾大学出版会）、『山川 詳説世界史図録（第2版）』木村靖二・岸本美緒・小松久男監修（山川出版社）、『詳説世界史B 改訂版』木村靖二・岸本美緒・小松久男（山川出版社）

画像出典

・バビロン（10ページ）
Jukka Palm/Shutterstock.com
・エルサレム（20ページ）
Cezary Wojtkowski/Shutterstock.com
・アテネ（32ページ）
Anastasios71/Shutterstock.com
・アレクサンドリア（42ページ）
ahmed el-kabbani/Shutterstock.com
・テオティワカン（50ページ）
TravelNerd/Shutterstock.com
・ローマ（56ページ）
Mariia Golovianko/Shutterstock.com
・コンスタンティノープル（70ページ）
Sanatkar/Shutterstock.com
・長安（82ページ）
vichie81/Shutterstock.com
・バグダード（94ページ）
rasoulali/Shutterstock.com
・京都（１０４ページ）
thipjang/Shutterstock.com
・サマルカンド（１１２ページ）
eFesenko/Shutterstock.com
・アンコール（１２０ページ）
R.M. Nunes/Shutterstock.com
・チュニス（１２６ページ）
Uta Scholl/Shutterstock.com
・北京（１３４ページ）
ESB Professional/Shutterstock.com
・マラッカ（１４６ページ）
HelloRF Zcool/Shutterstock.com
・モスクワ（１５２ページ）
Baturina Yuliya/Shutterstock.com
・イスファハーン（１６４ページ）
Lukas Bischoff Photograph/Shutterstock.com
・ヴェネツィア（１７０ページ）
Catarina Belova/Shutterstock.com
・デリー（１８２ページ）
Richie Chan/Shutterstock.com
・サンクトペテルブルク（１９４ページ）
aapsky/Shutterstock.com
・パリ（２０４ページ）
S.Borisov/Shutterstock.com
・アムステルダム（２１６ページ）
Aerovista Luchtfotografie/Shutterstock.com
・ロンドン（２２４ページ）
Pajor Pawel/Shutterstock.com
・ニューヨーク（２３６ページ）
oneinchpunch/Shutterstock.com
・ウィーン（２４８ページ）
mRGB/Shutterstock.com
・リオデジャネイロ（２６０ページ）
yu-jas/Shutterstock.com
・シドニー（２６８ページ）
Steph Moroni/Shutterstock.com
・シンガポール（２７６ページ）
Travelerpix/Shutterstock.com
・上海（２８６ページ）
chuyuss/Shutterstock.com
・ドバイ（２９４ページ）
shutterlk/Shutterstock.com

本書は書き下ろしです。

日経ビジネス人文庫

30の都市《とし》からよむ世界史《せかいし》

2019年11月1日 第1刷発行

監修者
神野正史
じんの・まさふみ

編著者
造事務所
ぞう・じむしょ

発行者
金子 豊

発行所
日本経済新聞出版社
東京都千代田区大手町1-3-7 〒100-8066
電話(03)3270-0251(代) https://www.nikkeibook.com/

ブックデザイン
鈴木成一デザイン室

本文DTP
造事務所

印刷・製本
中央精版印刷

Printed in Japan ISBN978-4-532-19962-3